Orações
e devoções
para todos os momentos

Claudia Zem da Silva
Maria Goretti de Oliveira
(orgs.)

Orações e devoções
para todos os momentos

Introduções: J. Alves

Paulinas

Dados Internacionais de Catalogação na Publicação (CIP)
(Câmara Brasileira do Livro, SP, Brasil)

Orações e devoções para todos os momentos / [compilação] Maria Goretti de Oliveira e Cláudia Zem da Silva . – 5. ed. rev. e atual. – São Paulo : Paulinas, 2011.

ISBN 978-85-356-0421-4

1. Igreja Católica - Livros de oração   2. Orações   I. Oliveira, Maria Goretti. II. Silva, Cláudia Zem da.   III. Série.

11-03003   CDD-248.32

Índices para catálogo sistemático:

1. Oração : Prática religiosa : Cristianismo   248.32

5ª edição – 2011
4ª reimpressão – 2024

Direção-geral: *Flávia Reginatto*
Editora Responsável: *Andréia Schweitzer*
Coordenadora de revisão: *Marina Mendonça*
Revisão: *Leonilda Menossi*
Assistente de arte: *Sandra Braga*
Gerente de produção: *Felicio Calegaro Neto*
Projeto gráfico: *Wilson Teodoro Garcia*

Nenhuma parte desta obra poderá ser reproduzida ou transmitida por qualquer forma e/ou quaisquer meios (eletrônico ou mecânico, incluindo fotocópia e gravação) ou arquivada em qualquer sistema ou banco de dados sem permissão escrita da Editora. Direitos reservados.

Cadastre-se e receba nossas informações
paulinas.com.br
Telemarketing e SAC: 0800-7010081

Paulinas
Rua Dona Inácia Uchoa, 62
04110-020 – São Paulo – SP (Brasil)
(11) 2125-3500
editora@paulinas.com.br

© Pia Sociedade Filhas de São Paulo – São Paulo, 2011

ORAÇÕES DO CRISTÃO

A história da fé está repleta de exemplos de místicos, provenientes de todas as camadas sociais e culturais. Esses místicos, mediante a oração, atingiram elevado grau de união com Deus na pessoa de Jesus. Tais experiências místicas, acumuladas ao longo do tempo e preservadas por meio de fórmulas escritas, têm sido transmitidas a todas as gerações e são um verdadeiro tesouro espiritual não só para o cristão, mas para toda a humanidade.

Sinal da cruz

É o ato mais eloquente, mais frequente, mais popular do culto católico. Com o sinal da cruz, o sacerdote inicia os ritos litúrgicos, abençoa pessoas e coisas, e os fiéis assinalam-se, premunindo-se com esse sinal de salvação. Segundo Cirilo de Jerusalém (séc. IV), os primeiros cristãos não só assinalavam a fronte, mas também alimentos, poços de água, casas, postos de trabalho, animais, colocando tudo sob os salutares auspícios da cruz.

Pelo sinal da santa cruz, ajudai-nos, Deus nosso Senhor, a amar nossos inimigos.

Em nome do Pai, do Filho e do Espírito Santo. Amém.

Pai-Nosso

Oração da fraternidade universal, ensinada por Jesus a seus discípulos (cf. Mt 6,9-13; Lc 11,2-4). É a prece por excelência dos cris-

tãos, o modelo de todas as orações. No Pai-Nosso, Deus é invocado como o "nosso" Pai, ressaltando assim o caráter de fraternidade universal da mensagem cristã. A oração do Pai-Nosso sempre esteve presente nas celebrações litúrgicas cristãs, na catequese, desde os tempos apostólicos perdurando até hoje.

Pai nosso que estais no céu, santificado seja o vosso nome; venha a nós o vosso reino, seja feita a vossa vontade, assim na terra como no céu.

O pão nosso de cada dia nos dai hoje, perdoai-nos as nossas ofensas assim como nós perdoamos a quem nos tem ofendido, e não nos deixeis cair em tentação, mais livrai-nos do mal. Amém.

Ave-Maria

É a prece mais antiga (séc. VI) e completa dirigida à Virgem. Compõe-se de duas partes: na primeira, temos as palavras do Arcanjo

Gabriel "Ave, cheia de graça..." (Lc 1,28; 42). Na segunda, é a invocação confiante que a Igreja dirige à Mãe de Deus. No Ocidente, a Ave-Maria popularizou-se a partir do século XI, sobretudo com a devoção do rosário. A versão atual foi fixada por Pio V que, em 1568, reformulou o Breviário romano.

Ave, Maria, cheia de graça, o Senhor é convosco; bendita sois vós entre as mulheres, e bendito é o fruto do vosso ventre, Jesus. Santa Maria, Mãe de Deus, rogai por nós, pecadores, agora e na hora da nossa morte. Amém.

Glória ao Pai

Esta forma de louvor e de glorificação à Santíssima Trindade originou-se da fórmula batismal trinitária encontrada no Novo Testamento (cf. Mt 28,19; Rm 16,27; Hb 13,21). De autoria desconhecida, é certo que se trata de uma oração com raízes nos primeiros séculos do Cristianismo. O Glória é uma oração presente em toda a espiritualidade cristã: liturgia dos sacramentos, da missa, piedade popular, como na reza do terço e novenas.

Glória ao Pai, ao Filho e ao Espírito Santo. Como era no princípio, agora e sempre. Amém.

Creio

O Creio é assim chamado em razão da primeira palavra com que normalmente esta oração começa. É chamado também Símbolo apostólico, pois traz o resumo fiel das principais verdades de fé ensinadas pelos apóstolos. O Creio serve como ponto de referência primeiro e fundamental da catequese, pois é, por assim dizer, "o mais antigo catecismo romano". É símbolo da fé, porque é um sinal de reconhecimento e de comunhão entre os cristãos.

Creio em Deus Pai todo-poderoso, criador do céu e da terra; e em Jesus Cristo, seu único Filho, nosso Senhor; que foi concebido pelo poder do Espírito Santo; nasceu da Virgem Maria, padeceu sob Pôncio Pilatos, foi crucificado, morto e sepultado; desceu à mansão dos mortos; ressuscitou ao terceiro dia; subiu aos céus, está sentado à direita de Deus Pai todo-poderoso, donde há de vir a julgar os vivos e os mortos; creio no Espírito Santo, na santa Igreja Católica, na comunhão dos Santos, na remissão dos pecados, na ressurreição da carne, na vida eterna. Amém.

Salve-Rainha

Desde a Idade Média a Salve-Rainha vem sendo rezada e cantada por monges e religiosos, após as Completas. Esse hino dedicado à Virgem Maria continua sendo recitado, sobretudo na reza do terço. Alguns atribuem sua autoria a Bernardo de Claraval (1112-1153), outros, a Ademar de Monteil (séc. XI), bispo de Puy... Mas tudo leva a crer que o mérito seja do abade beneditino Hermann Reichenau (1013-1054).

Salve, Rainha, Mãe de misericórdia, vida, doçura e esperança nossa, salve! A vós bradamos, os degredados filhos de Eva. A vós suspiramos, gemendo e chorando neste vale de lágrimas. Eia, pois, advogada nossa, esses vossos olhos misericordiosos a nós volvei, e depois deste desterro mostrai-nos Jesus, bendito fruto do vosso ventre, ó clemente, ó piedosa, ó doce sempre Virgem Maria.

V. Rogai por nós, santa Mãe de Deus.

R. Para que sejamos dignos das promessas de Cristo.

Ato de fé

Pela fé manifestamos nossa adesão pessoal a Cristo e o compromisso com seu Reino de justiça e de fraternidade. Pela fé, o discípulo de Cristo crê firmemente na Palavra transformadora da mente e do coração e vê o mundo e as pessoas com o olhar daquele que se fez a Ternura e a Misericórdia entre os homens. Não apenas guarda a fé e nela vive, mas também procura professá-la, testemunhá-la com firmeza e anunciá-la.

Eu creio firmemente que há um só Deus, em três pessoas realmente distintas: Pai, Filho e Espírito Santo. Creio que o Filho de Deus se fez humano, padeceu e morreu na cruz para ser coerente com o caminho de salvação que nos ensinou, e que ao terceiro dia ressuscitou. Creio tudo o mais que crê e ensina a Igreja de Cristo, porque nessa Comunidade de Fé fiz uma autêntica experiência de Deus. E nesta crença quero viver com coerência até o fim. Senhor, aumentai a minha fé!

Ato de esperança

Pela fé temos a certeza de que a Deus nada é impossível (cf. Gn 18,14; Lc 1,37; Mt 19,26), pois Deus é fiel e conduz os aconte-

cimentos (cf. Hb 10,23). Por isso "carregados de esperança" (Rm 15,13), sem desesperar ou esmorecer, depositamos nossa confiança inabalável no Pai que nos criou e sustenta a vida, no Filho que nos remiu e liberta de toda iniquidade e no Espírito Santo que nos santificou e murmura em nosso íntimo: "Pai".

Eu espero, meu Deus, com firme confiança, que pelo seguimento de nosso Senhor Jesus Cristo experimentarei a salvação eterna. Sei que já possuo a graça necessária para consegui-la, porque sois sumamente bom e poderoso, conforme proclamou Jesus no Evangelho. É este Evangelho que me proponho a testemunhar com o vosso auxílio.

Ato de caridade

Jesus nos ensinou que o caminho da Bem-aventurança é amar como ele amou e servir como ele serviu (cf. 1 Jo 4,11-12). É amar a Deus sobre todas as coisas, por si mesmo, e o nosso próximo como a nós mesmos, por amor a Deus, deixando-nos guiar pelo Espírito Santo, fonte da justiça, da verdade, da alegria, paz, longanimidade, benignidade, bondade, fidelidade, mansidão e autodomínio (cf. Gl 5,22-23).

Eu vos amo, meu Deus, de todo o meu coração e sobre todas as coisas, porque sois infinitamente bom e amável, e antes quero perder tudo que vos ofender. Por vosso amor, amo o meu próximo como a mim mesmo.

Ato de contrição

É necessário um coração contrito e humilhado diante do mal cometido. Contrição quer dizer "dor da alma e detestação do pecado cometido, com a resolução de não mais pecar no futuro". É arrepender-se de ter ofendido o Deus terno e misericordioso, cujo amor por nós é eterno. Voltar-se à comunhão com Deus e com o próximo me-

diante a celebração do perdão é obra do Espírito Santo no coração humano.

Senhor meu Jesus Cristo, verdadeiramente humano e divino, Filho amado do Criador, Amigo e Redentor meu, por serdes vós quem sois, sumamente bom e digno de ser amado sobre todas as coisas; e porque vos amo e estimo, pesa-me, Senhor, de todo o meu coração, de vos ter ofendido; pesa-me, também, por não ter contribuído na construção do novo céu e da nova terra, fazendo da vida de meu próximo um inferno. Proponho-me firmemente, ajudado com o auxílio da vossa divina graça, a me arrepender e nunca mais tornar a ser omisso. Espero alcançar o perdão de minhas culpas, pela vossa infinita misericórdia. Amém.

Ato de agradecimento

Tudo o que somos e tudo o que possuímos vem de Deus (cf. 1Cor 4,7; Sl116,12). Dele recebemos a vida, dele recebemos a luz da fé, dele recebemos o perdão de nossas faltas, dele procede a libertação de nossos temores. Por todas as maravilhas que ele opera em nossa vida e na história humana, somos chamados a viver constantemente em ação de graças, fazendo de nossa vida um ato de agradecimento.

Meu Senhor Jesus Cristo, eu vos agradeço de todo o coração, porque viestes habitar dentro da minha vida. Virgem Maria, Mãe de Jesus e nossa Mãe, meu Anjo da Guarda, todos os anjos e santos do céu, agradecei a Jesus por mim. E obrigado, meu Jesus, porque unido a vós eu participo do sacrifício eucarístico, onde vós continuais conosco, agradecendo sem cessar a Deus por todos nós.

Ato de amor

Deus nos criou por amor e por amor não cessa de nos dar o ser (cf. GS 19s). Seu amor por nós é mais forte que o amor da mãe pelo filho (cf. Is 49,14-15). Não conhece limites, porque é eterno (cf. Is 54,8.10; Jr 31,3), é gratuidade, porque tudo dá e não pede retribuição; é ternura e compaixão, pois em Jesus nos deu seu próprio coração. Deus é Amor (cf. 1Jo 4,8) e amar é conhecê-lo e torná-lo presente em nossa vida.

Ó Jesus, amo-vos com todo o coração e sobre todas as coisas, porque sois o meu Deus, infinitamente amável, meu Irmão, meu Redentor e meu tudo; e por amor de Vós, amo o próximo como a mim mesmo e perdoo de todo o coração os que me têm ofendido.

Jaculatórias

É uma oração curta e fervorosa que aflora do coração como os jatos de água de uma fonte. Consiste em "lançar" repetidamente o coração em direção a Deus, Jesus Cristo e à Virgem Maria, aos santos, seja em pensa-

mentos ou em palavras. Dos antigos monges até nós, essa forma de rezar repetindo uma palavra ou uma breve frase tem a vantagem de poder ser praticada em qualquer hora ou lugar e nas ocasiões mais adversas.

"As jaculatórias são telefonemas que fazemos a Jesus, a Nossa Senhora e aos Santos, com as quais pedimos ajuda" (Tecla Merlo).

Apresentamos aqui algumas sugestões, para serem rezadas em todas as circunstâncias.

- Jesus, Maria e José, dai-me vossa bênção.
- Meu Deus e meu tudo.
- Senhor, compadecei-vos de mim, pecador.
- Divino Espírito Santo, iluminai-me com vossa sabedoria.
- Creio em vós, ó meu Deus, mas aumentai minha fé.
- Ó Jesus Mestre, ficai comigo, pois confio em vosso auxílio.

- Ó Maria, esteja sobre nós a vossa bondade.
- Ó Jesus, guiai a minha vida no caminho do bem.
- Jesus, Filho de Davi, tende compaixão de mim.
- Jesus, manso e humilde de coração, fazei meu coração semelhante ao vosso.
- Tende piedade de mim, Senhor, pelos méritos da vossa paixão, morte e ressurreição.
- Livrai-me, Senhor, de todo mal.
- Senhor, sede luz e proteção para os que sofrem.
- Maria, minha mãe santíssima, alcançai-me a graça de ser fiel ao amor de Deus até o fim.

ORAÇÕES DIVERSAS

O cristão sente necessidade de rezar, e rezar constantemente. Toda a vida de Jesus é um exemplo de que para uma ação intensa, para uma vida generosa e aberta ao serviço do outro, é preciso também uma oração intensa e generosa. Pois assim como nossa vida se nutre da oração, a nossa oração é nutrida por uma vida cristã autêntica e participativa, aberta ao serviço desinteressado ao outro.

Oração da noite

A oração da noite é uma antiga tradição da Igreja, que propõe aos fiéis ritmos cotidianos de oração, destinados a nutrir a vida do espírito. Ao declinar do dia, agradecemos a Deus a graça de estar vivo por mais um dia; as oportunidades de fazer o bem e de celebrar a fé com os irmãos. Pedimos que o Ressuscitado, Sol Nascente, resplandeça sobre nós e traga a luz de um dia novo, em que cada sonho possa se realizar.

Senhor, eu vos dou graças porque estais presente em mim, nas pessoas que amo, na Igreja e no mundo inteiro. Agradeço-vos por tudo o que me aconteceu neste dia e por todo o bem que se realizou no mundo.

Peço-vos perdão porque não fui capaz de amar todas as pessoas como vós amais, nem me coloquei gratuitamente ao serviço dos outros, especialmente dos mais pobres, sem esperar nenhuma recompensa.

Perdoai também, Senhor, todos aqueles que hoje só viveram para si mesmos e vos desprezaram na pessoa dos doentes, dos velhos, das crianças indefesas, daqueles que não têm proteção alguma.

Fazei, Senhor, que estes que sofrem tantas injustiças encontrem alguém que se interesse por eles, que os defenda e os ajude até que as pessoas aprendam a viver como irmãos. Que o vosso mandamento do amor seja vivido por todos, e que acabem a exploração, as injustiças, as guerras, e toda ganância que divide e escraviza tanto as pessoas. Abençoai meu repouso, Senhor, e que amanhã eu acorde para uma vida nova, sendo um instrumento do vosso amor. Amém.

Oração do amanhecer

Senhor, no silêncio deste dia que amanhece, venho pedir-vos a paz, a sabedoria, a força.

Quero olhar hoje o mundo com os olhos cheios de amor; ser paciente, compreensivo, manso e prudente, ver além das aparências vossos filhos como vós mesmo os vedes e, assim, não ver senão o bem em cada um. Fechai meus ouvidos a toda calúnia. Guardai minha língua de toda maldade. Que só de bênçãos se encha meu espírito. Que eu seja tão bondoso e alegre que todos quantos se achegarem a mim sintam vossa presença. Revesti-me de vossa beleza, Senhor, e que, no decurso deste dia, eu vos revele a todos. Amém.

Oferecimento do dia

A oração da manhã é o momento de oferecer o dia a Deus, consagrar a ele "os primeiros movimentos de todo o nosso ser. Antes de nos ocuparmos com qualquer outra coisa, que nossos corações se regozijem pensando em Deus (Sl 76,4). Pois o corpo não se deve entregar ao trabalho sem antes termos invocado o Senhor e lhe termos apresentado, desde o raiar do dia, nossas súplicas e esperanças" (Sl 5,4-5) (S. Basílio Magno).

Ofereço-vos, ó meu Deus, em união com o santíssimo Coração de Jesus, por meio do Coração Imaculado de Maria, as orações, obras, sofrimentos e alegrias deste dia, em reparação das nossas ofensas e por todas as intenções pelas quais o mesmo Divino Coração está continuamente intercedendo e sacrificando-se em nossos altares.

Oração para antes das refeições

A oração antes das refeições reflete o antigo costume cristão de rezar continuamente (cf. Lc 18,1), transformando em ação de graças a Deus as atividades da vida cotidiana. A refeição simboliza o fruto do trabalho de cada um e de todos. Prenuncia também a realização definitiva da comunhão fraterna, em que todos os bens serão partilhados e já não haverá fome nem sede, pois todos terão fartura de bens.

Obrigado, Senhor, por estes alimentos que vamos tomar agora.

Eles nos sustentarão dando ao nosso corpo a saúde e a resistência para o trabalho diário.

Que eles sirvam também para nos dar disposição em servir aos mais fracos, aos que não têm saúde, aos que precisam de ajuda. Alimentai, Senhor, o nosso espírito para que saibamos usar bem o nosso corpo e, vivendo em comunhão constante com os irmãos e convosco, cheguemos a participar do banquete celeste, preparado por Cristo, nosso Senhor! Amém.

Oração para depois das refeições

Ó Deus, nosso Pai, nós vos damos graças pelo alimento que generosamente nos ofereceis, aqui reunidos em família; concedei que nós também saibamos levar espontaneamente aos irmãos os vossos dons e favores, e possamos tomar parte no banquete eterno. Por Cristo, nosso Senhor. Amém.

Oração para antes de ler a Bíblia

A Bíblia é uma coleção de 73 livros: 46 do Antigo Testamento e 27 do Novo Testamento. Narra a história e a experiência de fé de um povo que tinha a certeza de que Deus caminhava com eles, por isso chamavam-no Emanuel (Deus-conosco). A Bíblia é o livro da Palavra de Deus, pois Deus tem falado aos homens de vários modos e, nos últimos tempos, fala pela Palavra Viva, que é o Cristo Ressuscitado.

Jesus Mestre, que dissestes: "Onde dois ou mais estiverem reunidos em meu nome, eu aí estarei no meio deles", ficai conosco, aqui reunidos para melhor meditar e comungar com a vossa Palavra.

Sois o Mestre e a Verdade: iluminai-nos, para que melhor compreendamos as Sagradas Escrituras.

Sois o Guia e o Caminho: fazei-nos dóceis ao vosso seguimento. Sois a Vida: transformai nosso coração em terra boa, onde a Palavra de Deus produza frutos abundantes de santidade e de apostolado.

Oração para depois de ler a Bíblia

Jesus Mestre, vós dissestes que a vida eterna consiste em conhecer a vós e ao Pai. Derramai sobre nós a abundância do Espírito Santo! Que ele nos ilumine, guie e fortaleça no vosso seguimento, porque sois o único caminho para o Pai.

Fazei-nos crescer no vosso amor, para que sejamos, como o apóstolo Paulo, testemunhas vivas do vosso Evangelho. Com Maria, Mãe, Mestra e Rainha dos apóstolos, guardaremos vossa Palavra meditando-a em nosso coração.

Jesus Mestre, Caminho, Verdade e Vida, tende piedade de nós.

Oração da família

Viver a vida em comum na família é para todos um desafio e uma missão. Desafio: é a vida de trabalhos rotineiros, anônimos e estafantes, mas que fazem a existência possível; a vida do choque do novo e do velho, da alegria e tristeza; das fraquezas e heroísmos humanos. É também uma missão, pois é numa família que Jesus nasce e "cresce em sabedoria, estatura e graça diante de Deus e diante dos homens" (Lc 2,51-52).

Que nenhuma família comece em qualquer de repente. Que nenhuma família termine por falta de amor. Que o casal seja um para o outro de corpo e de mente. E que nada no mundo separe um casal sonhador.

Que nenhuma família se abrigue debaixo da ponte.

Que ninguém interfira no lar e na vida dos dois.

Que ninguém os obrigue a viver sem nenhum horizonte.

Que eles vivam do ontem, no hoje e em função de um depois.

Que a família comece e termine sabendo aonde vai. E que o homem carregue nos ombros a graça de um pai. Que a mulher seja um céu de ternura, aconchego e calor. E que os filhos conheçam a força que brota do amor.

Abençoa, Senhor, as famílias. Amém. Abençoa, Senhor, a minha também!

Que marido e mulher tenham força de amar sem medida.

Que ninguém vá dormir sem pedir ou sem dar seu perdão.

Que as crianças aprendam no colo o sentido da vida.

Que a família celebre a partilha do abraço e do pão.

Que marido e mulher não se traiam nem traiam seus filhos. Que o ciúme não mate a certeza do amor entre os dois. Que no seu firmamento, a estrela que tem maior brilho seja a firme esperança de um céu aqui mesmo e depois.

(Pe. Zezinho, scj, CD *Sol nascente sol poente*).

Oração dos casais

Deus criou o homem e a mulher por amor, e para o amor os chamou, impelindo-os a viverem um para o outro (cf. Sl 121,2). Esse amor é bom, muito bom mesmo aos olhos do Criador (cf. Gn 1,31), por isso é abençoado por Deus, a quem o casal é impelido a recorrer em todos os momentos. O amor mútuo entre um homem e uma mulher é a imagem do amor absoluto e eterno de Deus pela humanidade (cf. 1Jo 4,8.16).

Obrigado, Senhor, pelo amor que nos une! Abençoai, Senhor, esse amor, para que seja, a cada dia, mais novo e criativo!

Novo para recomeçar sempre e com mais entusiasmo; novo, para sustentar-nos nas horas de crise e dificuldades; criativo, para compreender as pessoas que caminham ao nosso lado; criativo, para estender a mão aos irmãos carentes.

Novo e criativo, para ser fonte geradora de paz, de harmonia e de filhos de Deus, livres e conscientes.

Abençoai, Senhor, todos os casais que confiam em vós, que confiam no amor e num mundo melhor. Amém.

Oração do pai

Ser pai é uma graça, uma missão e um desafio. Graça, pois coparticipa da obra criadora de Deus, fazendo a vida brotar de si. Missão, pois como o Agricultor do Universo, deve cultivar nos filhos um coração humano, temente a Deus, amante da liber-

dade, respeitoso do semelhante. Um desafio, pois primeiro deve educar-se, vencer-se a si mesmo, abrir humildemente o coração e a mente para aprender da vida dos próprios filhos.

Ajudai-me, Senhor, na missão de pai, porque é difícil e pesado o encargo de sustentar a família e dar-lhe o bem-estar e a tranquilidade; e é quase heroísmo ser alegre com os familiares quando pesam as preocupações pessoais e os problemas da profissão.

Ajudai-me, Senhor, na missão de pai, para que eu realize o diálogo com minha esposa e os filhos. Que eu seja aberto para ouvir, humilde para propor, sábio para decidir e corresponsável para realizar.

Ajudai-me, Senhor, na missão de pai, para que eu saiba descobrir os valores de minha esposa e os talentos de meus filhos; e os ajude a desenvolvê-los. Saiba corrigir com amor, sem destruir nem humilhar.

Ajudai-me, Senhor, na missão de pai, para que eu defenda a dignidade do meu lar contra a imoralidade atrevida e a permissividade tentadora, vivendo o amor com fidelidade e construindo a união que faz o lar feliz.

Ajudai-me, Senhor, na missão de pai, para que eu possa ser sempre um testemunho de fé em Deus, coragem nas dificuldades, paciência nas provações e esperança na dor. E que pelo apostolado familiar, ajude outras famílias a serem mais felizes.

Ajudai-me, Senhor, na missão de pai, para que eu saiba dar valor à experiência sem me prender ao passado, saiba ser moderno e atualizado sem ser superficial e vazio; e conserve bem viva a vontade firme de acertar.

Finalmente, ajudai-me, Senhor, na missão de pai, para que eu creia firmemente que a grandeza da paternidade, assim vivida, não termina nem mesmo com a morte, porque os seus frutos são eternos.

Oração da mãe

(antes do nascimento do filho)

Esta criança que em breve vai nascer é uma bênção de Deus. Nela o Criador revela a sua bondade, o seu carinho em preservar e manter a vida. Se antes de ser concebido, Deus ama a cada um com amor eterno, é com imenso amor e alegria, e com coração apertado de divina expectativa, que a mãe anseia acolher nos braços o fruto que é todo seu, mas que é também a mais sublime dádiva de Deus.

Senhor nosso pai, por vossa graça sou mulher e isto me faz muito feliz. Também me alegra o fato de estar gestando em meu ventre uma nova vida. Por isso, me coloco em vossa presença, e vos agradeço a alegria do meu estado. Senhor, estendei sobre mim a vossa misericórdia e amparai esta criança até a hora do seu nascimento. Nessa hora, ó Senhor, ajudai-me na minha fraqueza. Pelas mãos de Maria Santíssima, ofereço-vos meu filho, para que seja vosso, seja perfeito, seja revestido de justiça e verdade, e seja um digno membro do povo novo, que Cristo formou para construir o mundo novo sonhado pelo mesmo Jesus Cristo, vosso Filho e nosso irmão. Amém.

Oração da mãe

(depois do nascimento do filho)

Tomar nos braços o fruto gerado em seu ventre. A obra humana foi iniciada e entregue em suas mãos. Cabe agora a árdua e gratificante missão de tantas vezes de novo gerar essa criança para uma vida digna, reta em espírito e em verdade. A paciência tudo alcança, mas com a bondade e a ternura, a fé e a confiança em Deus, é possível transportar montanhas, parar o sol e fazer cair os muros de Jericó. Pois a Deus, nada é impossível.

Senhor nosso pai, olhai para mim, quando eu, imitando Maria Santíssima depois do nascimento do seu filho, apareço nesta igreja. Vim para receber vossa bênção e trazer-vos meu agradecimento. Prometo-vos ser sempre boa mãe, dando exemplo de virtude e piedade. Abençoai, Senhor, meu marido e meu filho, a fim de que juntos sejamos felizes neste mundo, e seja essa felicidade, conforme promessa de Cristo, completada e prolongada por toda a eternidade. Pelo mesmo Jesus Cristo, vosso Filho e nosso irmão. Amém.

Oração das mães

Há alegria em conceber e dar à luz uma vida. Que poderão as apreensões, as dúvidas, os temores perante a sorte dos filhos, se Deus observa até a folha seca que cai e cuida de um único fio de cabelo caído no chão? Que poderão a mentira e a maldade contra o poder das preces, contra as fortalezas da alma e a sabedoria do coração? As mães têm a seu favor a força que brota da Fonte da Vida, que é o próprio Deus Criador.

Sois, meu Deus, o Criador e verdadeiro Pai de meus filhos. De vossas mãos os recebi cheios de vida, como a dádiva mais preciosa que me podíeis ter dado e que vossa bondade conserva para minha consolação e alegria. Agradeço-vos, de todo o coração, e consagro-vos inteiramente a mim mesmo e meus filhos, para que vos sirvamos e vos amemos sobre todas as coisas.

Abençoai-os, Senhor, enquanto eu, em vosso nome, os abençoo. Não permitais que, por descuido de minha parte, venham eles a se desviar do bom caminho. Velai sobre mim para que eu possa velar sobre eles e educá-los no vosso santo amor e na vossa lei.

Fazei-os corajosos, amigos do bem e da verdade para que não vos ofendam jamais. Colocai-os, Senhor de bondade, sob a maternal proteção de Maria Santíssima, para que ela os proteja sempre.

Livrai-os de todas as desgraças e perigos do espírito e do corpo, e concedei-lhes todas as graças que sabeis serão para eles necessárias, a fim de que sejam bons filhos e bons cristãos. Fazei, Senhor, que possamos, um dia, encontrar-nos todos reunidos na celeste Igreja triunfante. Amém.

Oração por minha mãe

Por mais que tenha realizado meus sonhos, alcançado objetivos ou fracassado em outros tantos; por mais que tenha bastado a mim mesmo, tudo fica pequeno, estreito, necessitado, perante a figura infinitamente humana e belamente divina desta mulher que me plasmou no ventre e me trouxe à vida e que, sem dizer muitas palavras, construiu em mim sonhos esperançosos, fortalezas intransponíveis e horizontes mais vastos.

Pai, vós, sendo Deus, quisestes mostrar entre nós vossa face materna. Por isso criastes todas as mães.

Peço-vos por minha mãe, sinal concreto e visível de vosso amor entre nós. Multiplicai os seus dias em nosso meio!

Acompanhai-a em todo riso e toda lágrima, todo trabalho e toda prece, todo dia e toda noite!

Que vossa bênção cubra de luz a vida de minha mãe para que, inundada de vós, ela seja sempre mais presença do divino em minha vida. Amém.

Oração pelas crianças

A criança é uma bênção de Deus para as gerações. Nela e por ela o mundo se renova e a vida é preservada. Ela traz mudanças de mente e de coração, ruptura de condicionamentos e preconceitos. Nela o ódio é desfeito, a ofensa é esquecida, as divisões são superadas. Por elas, os Anjos povoam a terra, a justiça divina é cumprida, a ira do Senhor é esquecida. Por isso Jesus as abençoou: "Deixai vir a mim as crianças" (Mc 10,16).

Jesus, quando estáveis na terra quisestes que as crianças se aproximassem de vós, através de vosso infinito amor. Nós vos pedimos por todas as crianças do mundo, esperança da humanidade futura; por todas as crianças amadas e desejadas por seus pais; por todas as crianças abandonadas, órfãs e que não conhecem de fato o que é o amor; pelas crianças de rua, que não encontram um espaço digno de crescimento e desenvolvimento; pelas que não têm um lar que as acolha e lhes dê aconchego e proteção; pelas que são exploradas pela ganância do dinheiro, do prazer e do poder; pelos filhos que não conseguem de seus pais uma educação saudável e cuidados básicos; por aquelas que não sabem rezar e não vos conhecem. Senhor, cuidai delas, nós vos pedimos. Tende misericórdia e fazei com que cresçam em tamanho, sabedoria e graça, diante de Deus, nosso Pai e diante dos seres humanos, nossos irmãos. Suscitai nelas, Senhor, a fé e o amor. Amém.

Oração pelos jovens

Sem saber para onde era levado, o jovem Isaac subiu com o pai Abraão à montanha. Na montanha, pai e filho foram tocados pela presença do Anjo do Senhor, que tornava possíveis as coisas impossíveis. Abraão, que antes escondia a angústia, sorriu abençoado no filho. Também hoje vão-se os jovens a caminho de suas visões, mas tantas vezes perambulam sozinhos, errantes, sem que ninguém os ampare como Abraão fez com Isaac.

Porque colocais vossa esperança na juventude para uma renovação da humanidade, Senhor, nós vos pedimos pelos jovens. Que as forças com que os cumulais possam se desenvolver e sejam empregadas para tornar o mundo melhor.

Que o seu desejo de construir uma sociedade mais fraterna e mais verdadeira possa se realizar.

Que sua generosidade não se esgote e seu ideal de bem persevere, apesar das decepções. Que cada um deles responda ao vosso apelo conforme o caminho que lhes traçais, e que realizem vosso plano sobre suas vidas. Que eles alicercem a juventude de sua idade na juventude de vossa graça, e que adiram fortemente a um Deus eternamente jovem. Que, com seu entusiasmo, façam renascer a esperança dos mais velhos e contribuam para reerguer as pessoas abatidas e desanimadas.

Que conservem a coragem de dar e de servir e não caiam nas garras do egoísmo. Que a sua sede de amor jamais se extinga, e que seu coração se abra cada vez mais para vós e para todos os seus irmãos.

Oração do amigo

Jesus chamava os que caminhavam com ele não de "servos", mas "amigos". Na amizade que se entrega até a morte, tornou-se para todo ser humano uma bênção de inumeráveis bens. O verdadeiro amigo é um dom que somente enriquece nossa vida. Nos momentos difíceis, encontramos alento para continuar sem esmorecer nem vacilar. Nos momentos alegres, podemos partilhar nossas realizações e sonhos de esperança.

Senhor, eu vos dou graças pelo amigo que me destes.

É por meio de sua presença que vós ficais ao meu lado.

Olhando para seus olhos, descobri o sentido profundo que se oculta no vosso próprio olhar!

Deixando-me cativar pelo seu contagiante sorriso, aprendi também a sorrir. Ouvindo suas confidências sinceras, aprendi a escutar vossa voz.

Recebendo tantas provas de carinho, aprendi a amar os que convivem comigo. Partilhando a vida, a fé, os erros, as lágrimas e as alegrias eu vos admirei no rosto sereno do meu amigo. Graças vos dou, meu Deus, porque vos revelais em gestos tão humanos, que posso experimentar-vos sempre na pessoa deste amigo que me ama! Fazei que ele seja muito feliz e que eu vos encontre sempre na transparência de nossa amizade. Amém.

Oração pelos doentes

Nos evangelhos vemos Jesus comover-se com os sofrimentos das pessoas e deixar-se tocar por elas. Jesus assume a miséria humana. Ele "levou as nossas fraquezas e carregou as nossas doenças" (Mt 8,17; Is 53,4). À luz da paixão, morte na cruz e ressurreição de Jesus, o nosso sofrimento se reveste de novo sentido: incorporar-nos a Cristo completando com nossas dores sua paixão, morte e ressurreição.

Senhor, vós que curastes tantos doentes, qual não será vosso amor para com os enfermos do mundo todo!

Permiti-nos que vos apresentemos esses doentes, como outrora eram apresentados aqueles que necessitavam e solicitavam o vosso auxílio, quando vivestes na Terra.

Eis aqueles que, desde muito tempo, são provados pela doença, e não veem o fim de sua provação.

Eis os que subitamente ficaram paralisados pela enfermidade e tiveram de renunciar às suas atividades e ao seu trabalho.

Eis os que têm família e não conseguem mais responder por ela, por causa de seu estado de saúde.

Eis os que sofrem muito em seu corpo ou em seu espírito, por causa de uma doença que os aflige. Eis os deprimidos por seus desgastes de saúde, cuja coragem precisa ser reerguida.

Eis os que não têm nenhuma esperança de cura e que sentem declinar suas forças.

Eis todos os doentes que amais, todos os que reclamam o vosso apoio e a melhora de seu estado.

Eis todos aqueles cujos corpos feridos tornam-se semelhantes ao vosso corpo imolado sobre a cruz.

Oração para obter a saúde

A saúde é uma bênção. Bem precioso, que somente ao perdê-lo lhe temos apreço. Com a saúde, quando nada temos, temos tudo. Sem ela, mesmo tendo tudo, nada temos. Cada dia é necessário pedir a Deus a graça da saúde e agradecê-lo pela vida salutar que nos concede. Preservar a saúde da mente e do coração é o primeiro dever do cristão. Quando essa bênção nos falta, pedir com humildade que o Deus da Vida no-la conceda.

Divino Espírito Santo, Criador e renovador de todas as coisas, vida da minha vida! Com Maria Santíssima, eu vos adoro, agradeço e amo! Vós, que dais vida a todo o universo, conservai em mim a saúde.

Livrai-me de todas as doenças e de todo mal! Ajudado com a vossa graça, quero usar sempre minha saúde, empregando minhas forças para colaborar convosco na construção de um mundo melhor para todos nós.

Peço-vos, ainda, que ilumineis, com vossos dons de sabedoria, os médicos e todos os que se ocupam dos doentes, para que conheçam a verdadeira causa dos males que destroem ou ameaçam a vida, e possam também descobrir e aplicar os remédios mais eficazes para defender a vida e curá-la.

Virgem Santíssima, Mãe da vida e saúde dos enfermos, sede mediadora nesta minha humilde oração!

Vós que sois a Mãe de Deus e nossa Mãe, intercedei por mim! Amém.

Oração do alcoólatra

De cada 100 brasileiros, 16 sofrem dessa doença compulsiva, crônica e progressiva, que é o alcoolismo. É compulsiva: a pessoa já não se controla e abusa cada vez mais do álcool. É crônica: uma vez contraída não tem cura. Progressiva: agrava-se com o passar do tempo. Não tem cura, mas quem a adquiriu pode recuperar-se. A única maneira de se recuperar é a abstinência, que pode garantir uma vida saudável e normal.

Jesus não veio apagar a chama que ainda fumega! Ele conhece a dor de cada um, suas fraquezas e sua vontade de superação. Ele sabe que a vida vale muito e não pode ser jogada assim numa sarjeta por causa da bebida. Por isso aquele que um dia disse a um morto que jazia no se-

pulcro: "Lázaro, sai para fora!", e o morto recuperou a vida, poderá dizer também ao que jaz nas prisões da bebida: "Filho, vem para fora!"

Meu Deus! A minha fé se firma no vosso profundo amor por mim. Vede a dor e a doença que me prostram.

Basta um copo de bebida para me derrotar e humilhar!

O pior é que todos veem esse mal apenas como vício. Tal acusação me envergonha e faz sofrer toda a minha família. Meu Deus, ajudai-me e socorrei-me! Que a vossa bondade infinita perdoe os que me julgam e me levam ao fracasso. Que eles se deem conta de que preciso mesmo é de ajuda, apoio, solidariedade. E que a vossa graça levante minha vontade e me torne capaz de vencer a doença do alcoolismo. Nossa Senhora, refúgio dos pecadores e consoladora dos aflitos, rogai por mim e por todos os alcoólatras. Amém.

Oração do fumante

A nicotina (fumo) é uma droga socialmente aceita. Vicia, pois parece menos nociva que as outras. Quem fuma continua a cumprir sua rotina diária, sem constrangimento. Terrível é o outro lado da moeda: o fumo causa dependência química e vai matando aos poucos. A cada ano, cerca de 3 milhões de pessoas morrem em decorrência de doenças associadas ao fumo. Parar de fumar é possível, faz bem, mas tem seu custo: abstinência.

Ó Deus, criador de todas as coisas, vós destes ao ser humano a inteligência que o torna capaz de conhecer a natureza da flora e as qualidades da vegetação. Destes também ao ser humano a vontade livre para aceitar o que é bom e rejeitar o que lhe faz mal. Eu sei que o fumo prejudica minha saúde, fecha meus pulmões, ataca meu coração e desequilibra meu sistema nervoso. Mas a minha vontade é tão fraca! Eu quero deixar de fumar e não posso!

Jesus, eu me lembro de vossas palavras: "Sem mim, nada podeis fazer". Talvez eu esteja confiando só em mim, em vez de confiar em vós. São Paulo já dizia: "Tudo posso naquele que me conforta".

Então, eu também, com a vossa ajuda, posso deixar de fumar.

Do enfarte do coração, livrai-me, Senhor!

Do câncer do pulmão, livrai-me, Senhor!

Do vício do fumo, livrai-me, Senhor!

De todo pecado, livrai-me, Senhor!

Oração do viciado em drogas

A droga, especialmente a cocaína, e todos os seus derivados, incluindo o crack, leva o dependente rapidamente ao fundo do poço. Quem passou por essa experiência funesta avisa: o que o álcool leva anos, a cocaína faz em meses e o crack em dias. Não adianta procurar culpados, expulsar de casa o dependente. Dar tempo ao tempo, procurar ajuda profissional e, sobretudo, conversar e conversar, dizer a verdade e ser mais amigos do que pais.

Meu Deus, escutai-me! Tudo começou assim: tomei a primeira dose da droga por curiosidade. Foi uma brincadeira! Tomei outras doses para me mostrar independente e corajoso diante dos meus companheiros. Depois senti necessidade de outras doses e de fumar a erva maldita.

Quando tentei parar já era tarde. Não tive mais forças.

E agora, eis-me aqui, nervos estourados, desanimado, enfraquecido, doente, prostrado, escravo do vício.

E agora, meu Deus, o que é que eu faço? "Coragem, meu filho! A fé remove montanhas e poderá arrancar-te das garras do vício e do pecado. Tem fé e eu te ajudarei!" Sim, eu creio que para vós, meu Deus, nada é impossível.

Por isso, meu Senhor Jesus Cristo, a vós recorro.

Socorrei-me, Senhor! Aumentai a minha fé, fortalecei a minha vontade, revigorai a minha coragem.

Dai-me forças para dizer Não! Não à droga. Não ao vício. Não ao pecado.

Meu Deus, eu vos peço, restabelecei a minha saúde, fortalecei a minha fé, ajudai-me a cumprir o meu propósito de evitar o vício e seguir o caminho do bem. Meu Jesus, tende misericórdia de mim. Amém.

Oração dos encarcerados

São Vicente, defensor dos presos e encarcerados, vós provastes quanto é duro ficar na prisão. Sofrestes algemas, grilhões e até torturas. Suportastes injustiças e acusações falsas. E eu vos peço: Olhai para mim e para meus companheiros de infortúnio. Aqui atrás das grades eu me sinto sozinho, numa tremenda solidão. Se errei mesmo, quero me regenerar. Se não mereço a pena que recebi, fazei que os advogados, juízes, diretores de presídios procurem fazer justiça como se deve. Iluminai os advogados que me defendem. Não quero ser injusto: se mereci, quero pagar pelo que fiz. Se não mereci, que as autoridades judiciárias reconheçam a minha inocência. São Vicente, abençoai e protegei a minha família. Fazei que ela me compreenda e me perdoe. Quero respeitar a vida, a honra e os demais direitos de todas as pessoas. São Vicente, orai por mim a Jesus Cristo. Ele também foi preso, condenado, torturado. Mas ele era inocente. Eu não sou tanto. Despertai, São Vicente, o coração de muitos cristãos, para não nos deixarem aqui abandonados. Porque Jesus falou: "Eu estive preso, e vocês me visitaram". São Vicente, dai-me forças para não desesperar. Ajudai os meus companheiros, para que procurem se regenerar também. Invocai por mim a Virgem Maria, que tanto sofreu ao ver o filho JESUS preso, carregando a cruz e morrendo no Calvário. São Vicente de Paulo, meu amigo, rogai por nós.

Oração do trabalhador

Todo homem tem o dever e o direito de trabalhar. Dever, pois é chamado a servir e participar ativamente, segundo sua vocação, na construção de um mundo mais fraterno e solidário (cf. Gn 2,15; Is 5,1ss; Sl 8,4; Pr 13,4; Eclo 22,1ss; 38,28ss; Mc 6,2-3; 9,37; At 18,3). É um direito, pois é pelo trabalho que se participa dos bens da terra e se realiza como pessoa humana no aqui e agora da história (cf. Gn 1,28; Dt 24,14s).

Jesus, divino operário e amigo dos operários, volvei vosso olhar benigno sobre o mundo do trabalho. Nós vos apresentamos as necessidades dos que trabalham intelectual, moral e materialmente. Bem sabeis como são duros os nossos dias: cheios de canseiras, sofrimentos e explorações. Vede as nossas penas físicas e morais; repeti o brado do vosso coração: "Tenho dó deste povo". E confortai-nos pelos méritos e intercessão de São José, modelo dos operários e trabalhadores.

Dai-nos a sabedoria, a virtude e o amor que vos alentou nas vossas laboriosas jornadas. Inspirai-nos pensamentos de fé, de paz, de moderação e de economia, a fim de procurarmos, com o pão de cada dia, os bens espirituais e o céu. Livrai-nos dos que, com enganos, intentam roubar-nos a fé e a confiança na vossa Providência. Livrai-nos dos exploradores que desconhecem os direitos e a dignidade da pessoa humana. Inspirai leis sociais que estejam de acordo com as encíclicas pontifícias. Fazei que todos entrem nas organizações cristãs do trabalho. Reinem juntas a caridade e a justiça com a sincera colaboração das classes sociais. Convertei os exploradores do operário pobre. Que todos tenham o vigário de Cristo por mestre da única doutrina social, que assegura ao operário uma gradual e satisfatória melhoria, e o Reino dos céus, herança dos pobres. Amém.

Oração do comunicador

Brigas conjugais, conflitos de geração, disputas de poder, rupturas e divisões familiares ou sociais, injustiças contra inocentes, chacinas estúpidas, tudo isso comprova que não sabemos ouvir nem escutar o outro; sobretudo não sabemos ainda nos comunicar e ficar do lado da verdade dos fatos. Falam-se todas as línguas ensinadas pelas tecnologias formatadas, mas não se fala a linguagem do amor, que a todos faria entender (At 2,1-8).

Ó Deus, que para comunicar aos seres humanos o vosso amor enviastes à Terra o vosso único Filho, Jesus Cristo, e o constituístes Mestre, Caminho, Verdade e Vida da humanidade, concedei que os instrumentos de comunicação social: imprensa, rádio, cinema, televisão, internet..., sejam sempre empregados para vossa glória e para o bem das pessoas. Suscitai vocações para esse magnífico campo de apostolado e inspirai a todas as pessoas de boa vontade o desejo de contribuírem com orações, ofertas e obras para que Igreja possa pregar com esses meios o Evangelho a todos os povos.

Oração do professor

Sem escola, pequena é a chance de nos enquadrar nos parâmetros impostos pelo mundo das tecnologias. Mesmo tendo acesso a recursos didáticos, ninguém poderá substituir o professor na árdua e tantas vezes ingrata missão de educar. Árdua, pois exige densidade humana, aperfeiçoamento técnico continuado. Ingrata, pois é um bem que vale ouro, mas é mal dividido, mal re-

compensado e ainda continua privilégio de poucos.

Obrigado, Senhor, por atribuir-me a missão de ensinar e por fazer de mim um professor no mundo da educação. Eu vos agradeço pelo compromisso de formar tantas pessoas e vos ofereço todos os meus dons. São grandes os desafios de cada dia, mas é gratificante ver os objetivos alcançados, na graça de servir, colaborar e ampliar os horizontes do conhecimento.

Quero celebrar a formação de cada aprendiz na felicidade de ter aberto um longo caminho para cada um.

Quero celebrar as minhas conquistas, exaltando também o sofrimento que me fez crescer e evoluir.

Quero renovar cada dia a coragem de sempre recomeçar.

Senhor! Inspirai-me na vocação de mestre e comunicador, para melhor poder servir.

Abençoai todos os que se empenham nesse trabalho, iluminando-lhes o caminho. Obrigado, meu Deus, pelo dom da vida e por fazer de mim um educador hoje e sempre. Amém!

Oração da professora

Quem é professora tem o privilégio quase materno de fazer uma criatura dar à luz a si mesma. Pois todo saber, por simples ou complexo que seja, um dia teve seu anjo parteiro, sua fada madrinha. Por isso é que a figura da professora dos primeiros tempos de nossa infância e adolescência fica para sempre gravada em nossa mente. É um daqueles casos que comprovam que tudo "vale a pena quando a alma não é pequena".

Senhor, vós me destes a vocação de ensinar e de ser professora. É meu compromisso educar, comunicar e espalhar sementes, nas salas de aula da escola da vida.

Eu vos agradeço pela missão que me confiastes e vos ofereço os frutos do meu trabalho.

São grandes os desafios do mundo da educação, mas é gratificante ver os objetivos alcançados, na trajetória para um mundo melhor.

Quero celebrar a formação de cada aprendiz na felicidade de ter aberto um longo caminho.

Quero celebrar as minhas conquistas exaltando também o sofrimento que me fez crescer e evoluir.

Quero renovar cada dia a coragem de sempre recomeçar.

Senhor, orientai-me na minha vocação de mestra e comunicadora. Dai-me paciência e humildade para servir, procurando compreender profundamente as pessoas que me confiastes.

Iluminai-me para exercer essa função com amor e carinho.

Obrigado, meu Deus, pelo dom da vida e por fazer de mim uma educadora hoje e sempre. Amém!

Oração da secretária

O trabalho da secretária não se resume apenas em agendar compromissos, atender telefonemas, digitar cartas, arrumar documentos etc. Hoje, a empresa moderna exige da secretária novas habilidades e novos conhecimentos (gerenciamento da informação, conhecimento de línguas estrangeiras, de informática, de operação de recursos eletrônicos, planejamento e organização de compromissos dos diretores e chefia imediata etc).

Senhor, diante de vós, que sois o Criador e a fonte maravilhosa de todos os dons, quero agradecer-vos pelo meu trabalho e a função de secretária.

Eu vos ofereço a minha árdua tarefa, no compromisso pessoal e profissional de ser prestativa e generosa, acolher e servir com alegria, saber falar e saber ouvir, perdoar e pedir perdão, atuar com integridade e sinceridade, ter paciência e equilíbrio diante dos impasses, ser compreensiva e solidária, esforçando-me para manter um bom relacionamento e o bem-estar comum.

Às vezes, Mestre, sinto-me frágil, pequena e até mesmo insegura para tomar decisões que competem à minha função. Mas vós me conheceis profundamente, sabeis de todas as minhas intenções. Por isso, peço-vos que me inspireis e me orienteis, dando-me sabedoria e serenidade. Iluminai-me, para cumprir o meu trabalho com dignidade e exercer minhas atividades com segurança e alegria. Senhor! Que além de funcionária, eu seja também colaboradora, companheira e amiga de todos, sem distinção. Obrigada, Senhor, pelo meu trabalho, pelo pão de cada dia, pela minha vocação de servir e colaborar. Amém.

Oração do motorista

A irresponsabilidade no trânsito mata. Irresponsabilidade que pode ser a imprudência, a bebida fora de hora, a pressa em chegar, o cansaço que violenta o corpo, o desrespeito às leis do trânsito. As estatísticas mostram que as mortes relacionadas ao trânsito alcançam números alarmantes. Todos temos histórias a contar a esse respeito, seja de parentes, amigos, conhecidos ou de pessoas famosas que sucumbiram em acidentes de trânsito.

Dai-me, Senhor, firmeza e vigilância ao volante, para que eu chegue ao meu destino sem acidentes.

Protegei os que viajam comigo.

Ajudai-me a respeitar a todos e a dirigir com prudência.

E que eu descubra vossa presença na natureza e em tudo o que me rodeia. Amém.

Oração para antes de viajar

Rezar antes de viajar é uma antiga prática cristã. Deus, que sustenta cada um de nossos movimentos, no qual nos movemos e somos, há de abrir também para quem parte um caminho feliz; nos perigos o segurará pelas mãos e o guardará (cf. Gn 12,1-9; Tb 5,17-22; Sl 22; 90). Assim como o Senhor fez os israelitas atravessarem o mar a pé enxuto, assim também todo viajante chegue bem ao seu destino.

Jesus, que sois a Verdade, iluminai-me e protegei-me, para que esta viagem se realize, só e sempre, no vosso amor, e com o olhar fixo na meta final: o paraíso. Jesus, que sois o Caminho, guiai-me para que em toda parte eu esteja presente a mim mesmo, e tome decisões acertadas. Jesus, que sois a Vida, sede em toda parte para mim, e para as pessoas que eu encontrar, alegria e salvação. Meu santo Anjo da Guarda, acompanhai-me e protegei-me. Amém.

Oração pela Igreja e pela pátria

"Os cristãos residem em sua própria pátria, mas como residentes estrangeiros. Cumprem todos os seus deveres de cidadãos e suportam todas as suas obrigações, mas de tudo desprendidos, como estrangeiros... Obedecem às leis estabelecidas, porém, sua maneira de viver vai muito além das leis... Tão nobre é o posto que lhes foi por Deus outorgado, que não lhes é permitido desertar" (Epístola a Diogneto 5,5-10; 6,10).

Deus e Senhor nosso, protegei a vossa Igreja, dai-lhe santos pastores e dignos ministros. Derramai as vossas bênçãos sobre o nosso santo Padre, o papa; sobre o nosso bispo, sobre o nosso pároco, sobre todo o clero; sobre o chefe da Nação e do Estado, e sobre todas as pessoas constituídas em dignidade, para que governem com justiça. Dai ao povo brasileiro paz constante e prosperidade completa. Favorecei com vossa constante bondade, o Brasil, este bispado, a paróquia em que habitamos, a cada um de nós em particular, e a todas as pessoas por quem nos sentimos obrigados a orar ou que se recomendaram às nossas orações.

Tende misericórdia das almas dos fiéis que padecem no purgatório; dai-lhes, Senhor, o descanso e a luz eterna.

Oração pelo papa

Em Jesus, Deus se manifestou na História como o Emanuel, Deus-conosco. Jesus mesmo nasceu de Maria e, em Nazaré, viveu junto a José, o Carpinteiro. Reuniu em torno de si os Doze apóstolos, confiou a Pedro as chaves do Reino. Depois de Pedro, que foi o primeiro, veio Lino; depois, Cleto; depois, Clemente; depois Evaristo, e assim sucessivamente até Bento XVI, que é o 266° elo que nos une à origem primeira, que é Cristo.

Protegei, Senhor,
o nosso santo Padre, o papa.
Sede para ele luz, força e alegria.

Oração pelas vocações sacerdotais

Pelo Batismo, somos um povo sacerdotal, pois participamos do sacerdócio de Cristo. Nele e por ele, entramos em comunhão com o Pai. Somos o fermento que leveda a massa, o sal que dá sabor, a luz que alumia. Celebramos a vida com a própria vida, e a vida dos irmãos numa liturgia viva. É dentro dessa vocação maior que brotam, suscitadas pelo Espírito, as vocações dedicadas ao serviço ministerial e ao apostolado na Igreja.

Senhor Jesus Cristo, nós vos agradecemos pelas vocações que chamastes para servir o vosso povo. São poucos os profetas decididos a lutar pela justiça e pelo amor.

Multiplicai as vocações leigas que vivem o Evangelho nas relações familiares e sociais. Que os leigos humanizem as profissões e criem leis justas para orientar a política e a economia, atuando como agentes de transformação na sociedade.

Chamai, Senhor, muitos jovens a seguir-vos na vida consagrada. Que as comunidades religiosas sejam fraternas, orantes e se coloquem ao serviço dos necessitados. Que estejam presentes na catequese, na educação, nos meios de comunicação e nas lutas pelos direitos humanos.

Aumentai também o número daqueles que exercem o ministério presbiteral. Que os bispos e os padres sejam fiéis continuadores de vossos gestos.

Que sejam animadores da Igreja, das comunidades cristãs, e estejam sempre ao serviço da vossa Palavra.

Enviai, Senhor, jovens dispostos a servir, capazes de assumir os compromissos de sua fé e de trabalhar pelo crescimento de vosso Reino. Amém.

Oração do catequista

Catequizar é educar a fé das crianças (e adultos): suscitar a fé, fazê-la crescer, dar as razões para crer, torná-la operante. E levar a criança (e o adulto) a conhecer o Deus de ternura e de misericórdia e, ao conhecê-lo, amá-lo em espírito e verdade. E ajudá-la a ver as pessoas, as coisas, com o olhar do Deus que ama a justiça, protege o órfão e a viúva, eleva os humilhados e faz cair os poderosos do trono de sua prepotência e arrogância.

Senhor, vós me chamastes a ser catequista na vossa Igreja neste imenso Brasil, na vossa comunidade, que também é minha. Vós me confiastes a missão de anunciar a vossa Palavra, de denunciar o pecado, de testemunhar, pela minha própria vida, os valores do Evangelho.

Recuo diante do vosso chamado. É pesada, Senhor, a minha responsabilidade. Mas, se me escolhestes, confio na vossa graça.

Caminharemos juntos, Senhor. Vós, apoiando-me, iluminando-me; eu, colocando-me à vossa disposição, à disposição da Igreja, preparando-me e atualizando-me sempre mais para servir melhor o vosso povo. Fazei-me o vosso instrumento para que venha o vosso Reino, Reino de amor e paz, de fraternidade e justiça, Reino, no qual Deus será tudo em todos. Amém.

Oração da comunidade

"Vejam como eles se amam", assim os pagãos se referiam aos primeiros cristãos. Despojados de armas e cavalos de batalha, mas unidos numa mesma fé e sentimento, abertos ao Espírito que os compelia a espalhar a Boa Nova, fizeram cair o poderoso império romano. Fazer-se comunidade, somar for-

ças com os homens de boa vontade, ajudar o outro a crescer e celebrar a vida de cada um e de todos, é a contribuição do cristão hoje.

Senhor, vós nos chamastes a viver em comunhão, nos chamais a viver em comunidade. Respondemos a esse convite, esforçando-nos para transformar a vossa palavra em nossa vida!

Queremos ser profetas da verdade e do amor, mesmo quando nosso relacionamento não vai bem e nos falta um verdadeiro compromisso para com a fraternidade. Ajudai-nos a construir a comunidade na qual a gratuidade do amor e do perdão seja nossa atitude cotidiana, em que os limites, os erros, os pecados, sejam também oferenda para o sacrifício.

Senhor, que cada um de nós sinta as necessidades e aspirações dos outros como sendo próprias e que nossas diferenças nos ajudem a descobrir a riqueza da diversidade. Que nossa comunidade seja aberta e sensível às necessidades do mundo, da Igreja e dos mais pobres.

Ajudai-nos a construir uma comunidade que seja sinal da vossa presença no mundo e na qual a Páscoa seja uma festa cotidiana. Amém.

Oração pelos que governam

Jesus veio para servir e não para ser servido e mostrou com a própria vida o poder do amor. A seu exemplo, que toda autoridade pública ou privada não venha sucumbir à idolatria do amor ao poder, mas procure em tudo o bem comum da sociedade. Promovam condições de vida digna para todos; os direitos fundamentais da pessoa sejam respeitados e promovidos; todos tenham acesso aos bens espirituais e temporais da sociedade.

Pelos que governam as nações, nós imploramos, Senhor, vossas graças de sabedoria e de força moral.

Ajudai-os a exercer sua tarefa, não visando à glória pessoal ou ao domínio, mas em espírito de serviço.

Inspirai-lhes uma autêntica generosidade que os leve a se dedicarem ao bem de seu povo.

Guiai-os; concedei-lhes uma visão clara dos melhores meios a empregar para melhorar o nível material, cultural e moral da população.

Aumentai neles o desejo de evitar as disputas e de promover a paz. Animai-os de sincero respeito pelos direitos da pessoa, da vontade de garantir uma verdadeira liberdade, de zelo incansável em socorrer os necessitados. Ampliai seus objetivos, orientando-os para a cooperação universal e conduzindo-os a desejar como meta de todo o seu trabalho o bem de toda a humanidade. Ensinai-lhes a imitar o vosso exercício de autoridade, autoridade que quis ser exercida com amor.

ORAÇÕES NATALINAS

O Natal foi uma cristianização da festa do Sol Invencível (Sol Invictus), em que os romanos e outros povos celebravam o retorno do Sol com seu poder regenerativo, pondo fim às longas noites de inverno. S. Leão Magno fez coincidir nessa data a festa do Natal do Senhor, sobrepondo ao "Sol Invictus" a figura de Cristo, o verdadeiro Sol Invencível, Luz de toda luz, Sol da justiça (cf. Ml 3,20).

Prece do Natal

Quanto tempo levamos para entender que a vida, para ser bem vivida, pede simplicidade, risos, descontração, despojamento de si. Pede para descer do alto do próprio orgulho, de egoísmos e prepotências e deixar de lado as "coisas sérias" (rotinas que escravizam, obsessões que cegam, desesperanças que afligem). É preciso ter coragem para deixar que o Deus-menino nos faça "nascer de novo", para a simplicidade de uma vida autêntica e reta.

Senhor! Mais uma vez nos preparamos para celebrar a vossa chegada no Natal. Neste tempo de vida, esperança e reencontros, disponde nossos corações para celebrar o espaço da reconciliação, da acolhida e do amor, abrindo-nos a todos, mas de modo especial àqueles que mais precisam da nossa atenção e carinho. Que neste Natal, Senhor, acreditemos mais na força de vossa mensagem, entrando na "ciranda da fraternidade" e percebendo o clamor das pessoas excluídas e indefesas.

Senhor! Nesta festa universal cantamos juntos um alegre Noite Feliz do reencontro de muitas pessoas e do renascer na nossa própria vida. Obrigado, Senhor, e que a alegre mensagem de Belém se acelere por nosso intermédio, para chegar à vida de tantos irmãos. Amém.

Oração diante do presépio

Presépio quer dizer estábulo, lugar onde se recolhe o gado. Ao nascer, Jesus foi colocado em uma manjedoura (cocho). O primeiro presépio da história foi montado por Francisco de Assis, em 1224, nos arredores de Greccio, Itália. Foi um presépio vivo, com gente do povo representando a Sagrada Família, os pastores, os reis magos e animais. Na noite de Natal, o povo se reuniu no local onde rezou, cantou e ouviu Francisco de Assis.

Sagrada família de Nazaré, eis-me diante do vosso presépio suplicando por minha família, por todas as famílias da terra. Concedei aos pais, bom José, a constância no amor que tivestes para com Jesus menino e Maria!

Ajudai nossas mães, querida Maria, para que possam ser, na família, um sinal da vossa ternura com José e Jesus!

Protegei, Jesus menino, todos os pais, todas as mães, todos os filhos, para que nossos lares reproduzam a harmonia, a felicidade da casa de Nazaré e o acolhimento da manjedoura de Belém!

Libertai-nos, Jesus, de toda divisão. Dai-nos saúde, paz e alegria! Amém.

Oração Deus-conosco

Com o nascimento de Jesus, Deus armou a sua tenda definitivamente no meio de nós (cf. Jo 14,19). O Natal é a celebração jubilosa desse mistério de amor: em Jesus (cf. Jo 4,9) Deus se une ao homem numa comunhão de amor irrevogável. Portanto, o Natal é um tempo propício para sonhar juntos uma sociedade como Jesus sonhou: um mundo fraterno, solidário e respeitador da dignidade humana, pois todos somos filhos do Deus altíssimo.

Senhor, vós viestes e o mundo inteiro se pôs a caminho, em direção à nova terra prometida.

Senhor, vós viestes, cruzamento de todas as estradas, eixo das transversais do mundo.

Senhor, vós viestes e cada um de nós e todos juntos somos a vossa epifania. Vosso nome é "Aquele-que-floresce", imortal lírio dos vales, verdadeira árvore da vida verdadeira.

Senhor, vós viestes, mas vindes ainda e vireis; o vosso nome é "Aquele-que-veio-vem-e-virá". Senhor, vós viestes trazer a paz entre o ser humano e Deus. Senhor, vós viestes, agora podemos amar-nos e amar cada irmão nosso.

Natal – Paz a esta casa

Às vezes perdemos a capacidade de ver o lado esperançoso da vida e nos mergulhamos em pessimismo e lamúrias que a nada levam. O Natal tem esse poder de resgatar em nós o que é belo, bom, nobre, justo, jubiloso, positivo, salutar, esperançoso, verdadeiro. Quando Deus invade nossas vidas, é como se todo o nosso ser brotasse de novo. É como se fosse o nosso dia de festa, tempo de recolher risos, abraços, gestos amigos.

Naqueles dias, o imperador Augusto publicou um decreto, ordenando o recenseamento de todo o Império. Todos iam registrar-se em sua cidade natal. José subiu da cidade de Nazaré, na Galileia, até a cidade de Belém para registrar-se com Maria, sua esposa, que estava grávida. Enquanto estavam em Belém completaram-se os dias para o parto e Maria deu à luz a seu filho primogênito. Ela o enfaixou e o colocou na manjedoura, pois não havia lugar para eles dentro de casa (cf. Lc 2, 1 - 7). O Senhor veio para salvar o seu povo, para nos ensinar o amor, a justiça, a verdade.

Todos: Obrigado, Jesus!

Para nos lembrar que temos todos um mesmo pai e somos todos irmãos.

Todos: Obrigado, Jesus!

Seja Jesus a nossa união, nossa felicidade, nossa paz em todos os dias de nossa vida. Que o Senhor nos abençoe e nos livre de todo mal.

Todos: Amém.

Rezemos todos juntos um Pai-Nosso, pedindo a proteção e as bênçãos de Deus.

Todos: Pai nosso...

BÊNÇÃOS

Desde o princípio, Deus abençoa as coisas (cf. Dt 28,12), comunicando a vida aos seres vivos (cf. Gn 1,22), especialmente ao homem e à mulher (cf. Gn 1,28; 5,2). O cristão faz-se bênção e é chamado a abençoar. Na bênção, lembrados das maravilhas de Deus, reconhecemos sua bondade; iluminados pela fé, o louvamos pelos seus dons; fortalecidos pela esperança, caminhamos; guiados pelo amor, à sua sombra encontramos proteção.

Crianças

Invocar a bênção para uma criança é agradecer e louvar a Deus pela sua bondade e pedir que ele infunda sua graça particular nessa criatura. Abençoar uma criança é interceder por ela para que Deus lhe comunique a própria vida, a força, a continuidade e a fecundidade (cf. Gn 9,26-27; 27,28-29ss). Jesus abençoava as crianças (cf. Mc 10,13-16) e via nelas uma "bênção" e a prefiguração do Reino de Deus (cf. Mt 18,1-5.10).

Senhor Jesus Cristo, que tivestes tanto amor às crianças a ponto de dizer: "Quem receber uma criança em meu nome a mim recebe", atendei os nossos pedidos por (nome), e guardai sempre sob a vossa proteção, o(a) que recebeu a graça do Batismo, a fim de que, quando crescer, vos reconheça com fé livremente aceita, seja fervoroso(a) na caridade e persevere corajosamente na esperança do Reino. Vós que viveis e reinais para sempre. Amém.

Formandos

Desde a antiguidade, reis, atletas, poetas e pessoas eminentes recebiam uma coroa de louros (láurea) como símbolo da vitória alcançada. Para o cristão, a formatura é o momento de reconhecimento a Deus, fonte de toda iluminação e conhecimento. A bênção de formatura não significa o fim, mas o início de uma etapa da vida, em que Deus é invocado como aquele que coroará de êxito também o trabalho futuro do formando.

Senhor, vós não viestes ao mundo para ser servido e sim para servir, e nos deixastes o maior dos exemplos, lavando os pés de vossos discípulos. Fazei que estes vossos servos saibam reconhecer-vos no próximo, colaborando generosamente para a construção do vosso Reino na terra, a fim de merecê-lo para sempre no céu. Vós que sois Deus com o Pai e o Espírito Santo. Amém.

Pessoas idosas

A bênção de uma pessoa idosa se reveste de um significado especial. Primeiro para a pessoa idosa, pois foi em idade avançada que o velho Simeão tomou nos braços o Filho de Deus (cf. Lc 2,25-32.36-38) e a velha profetisa Ana reconheceu o Salvador. Para a família e a comunidade, a quem a experiência de vida e a sabedoria de espírito da pessoa idosa são um dom de Deus (cf. Sb 4,8-9; Eclo 3,2-18).

Senhor, nosso Deus, que a estes vossos fiéis concedestes a vossa graça em abundância, para que, entre as vicissitudes da vida, colocassem em vós sua esperança e experimentassem o quanto sois bom, nós vos bendizemos porque os cumulastes de favores durante tão longa série de anos, e vos pedimos, também, que eles se renovem pela juventude de espírito, gozem de boa saúde corporal e se esforcem para dar a todos um agradável exemplo de vida. Por Cristo, nosso Senhor. Amém.

Enfermos

A enfermidade e o sofrimento são realidades na vida de cada pessoa e mostram a fragilidade da nossa condição. Jesus "levou as nossas fraquezas e carregou as nossas doenças" (cf. Mt 8,17). É o nosso advogado e intercessor junto do Pai (cf. 1Jo 2,1; Hb 7,25). Na bênção dos enfermos (cf. Tg 5,14), Deus é invocado para que conceda a graça do reconforto e da coragem para vencer as dificuldades impostas pela enfermidade ou pela velhice.

Senhor, Pai santo, Deus eterno e todo-poderoso, que, com a vossa bênção, ergueis de sua fraqueza a condição humana e a consolidais, inclinai-vos com bondade sobre este(a) vosso(a) filho(a) (nome) para que, debelada sua enfermidade e completamente restabelecida a saúde, ele(a) venha a bendizer com gratidão o vosso nome. Por Cristo, nosso Senhor. Amém.

Água

O costume de conservar em casa a água benzida por um sacerdote remonta à antiguidade cristã (séc. IV). A água aparece na liturgia como símbolo da purificação, do novo nascimento (cf. Jo 9). Assim, aspersão com água lembra o Batismo, pelo qual sendo imersos na morte de Cristo, ressurgimos com ele como "criatura nova" (2Cor 5, 17). A água consagrada torna-se portadora de bênçãos. Daí a prática de aspergir com a água benta pessoas, animais, objetos e ambientes.

Senhor nosso Deus, dignai-vos abençoar esta água, criatura vossa, que será aspergida sobre nós, para que seja um sinal da vossa graça, recordando a água do nosso Batismo. Por nosso Senhor Jesus Cristo, vosso Filho, na unidade do Espírito Santo. Amém.

Pão

Animados pela fé no Ressuscitado, Pão Vivo descido do Céu (cf. Jo 6,32; Mt 26,26; 1Cor 11,24), os primeiros cristãos reuniam-se para celebrar a Fração do Pão (cf. At 2,42; 46; 20,7.11; 1Cor 11,21ss) e comungar do Pão e do Vinho consagrados. Louvavam e agradeciam a Deus, abençoavam e distribuíam as ofertas trazidas pelos irmãos (pão, vinho, leite, mel etc), de modo que ninguém passasse necessidades entre eles.

Ó Deus de infinita bondade, que tornais cada vez mais firme a união dos vossos filhos ao partir o pão, abençoai a nós e a estes dons; concedei que, ao sentar-nos com alegria a esta mesa comum, saibamos sempre alimentar a vida fraterna. Por Cristo, nosso Senhor. Amém.

Rosário

A devoção do rosário remonta ao século XII e surge como alternativa popular à Oração das Horas. Compõe-se de 20 dezenas de Ave-Marias intercaladas por um Pai-Nosso e Glória, divididas em quatro partes. À oração vocal ajunta-se a meditação dos 20 mistérios da vida de Jesus e de Maria. Preces como o Sinal da cruz, Creio, Salve-Rainha e ladainha... fazem do rosário uma das mais ricas devoções populares católicas.

Ó Deus, todo-poderoso e cheio de misericórdia, quisestes, por causa do amor com que nos amastes, que o vosso Filho recebesse a natureza humana da bem-aventurada Virgem Maria, por obra do Espírito Santo, sofresse a morte na cruz por coerência com seu testemunho de amor e de vida, e ressuscitasse dos mortos, para indicar-nos o caminho que todos percorreremos. Abençoai a todos os que vão usar estes rosários, em honra da Mãe do vosso Filho, para que rezem os lábios e o coração. E que sejam, após a vida presente, apresentados a vós pela própria bem-aventurada Virgem Maria. Por Cristo, nosso Senhor. Amém.

Velas, cruz ou crucifixo

A vela acesa simboliza a fé em Cristo e está presente em todas as celebrações litúrgicas. A partir do século XIV, o costume de colocá-la sobre o altar universalizou-se. É o símbolo do cristão. A devoção à cruz de Cristo propagou-se pelo mundo cristão após a vitória de Constantino (312), predita na visão de uma cruz no horizonte com a inscrição "Com este sinal vencerás" e depois com a descoberta da cruz de Cristo por S. Helena (c. 320).

Senhor Deus, que de muitos modos adornais a vossa Igreja com a virtude dos santos, sede propício a estes vossos filhos que desejam usar este(estes) sinal(sinais) de vossa bondade (em honra da bem-aventurada Virgem Maria/ de Santo N.) para que tenham grande amor aos vossos mandamentos, e possam, servindo-se dos meios materiais desta vida, caminhar com segurança para o vosso Reino. Por Cristo, nosso Senhor. Amém.

Anel de formatura

Desde a antiguidade e em todas as civilizações, o anel tem sido usado como símbolo de pertença, de fidelidade a alguém; do compromisso a uma causa, a uma vocação, a uma missão. Assim o anel de formatura, por não ter começo nem fim e se apresentar de forma acabada, exprime não apenas o sonho realizado, o objetivo alcançado, mas também o compromisso público com o novo estado de vida assumido.

Ó Deus, que dissestes a respeito da vossa Lei: "Põe-me como um sinal em teu coração e como um anel em teu dedo", abençoai o anel simbólico que vai lembrar ao cristão que o traz no dedo a obrigação de viver na sua profissão os sacramentos do Batismo e da Crisma, pondo-se ao serviço do próximo e buscando em primeiro lugar o vosso Reino. Por nosso Senhor Jesus Cristo, vosso Filho, na unidade do Espírito Santo. Amém.

Casa

A casa é o centro do mundo e a imagem do universo. É o abrigo dentro do qual se encontram segurança, aconchego, conforto e proteção. Nela se tem acesso ao que é essencial à vida (água, fogo, alimentos, vestuário etc). "A paz esteja nesta casa" (Lc 10,5), assim diziam os discípulos ao entrarem numa casa. A bênção da casa é uma prática antiga na Igreja que visa alcançar de Deus proteção e paz aos moradores (cf. Ef 1,3).

Favorecei, Senhor Jesus, os vossos filhos que pedem com humildade vossa bênção para esta casa. Sede refúgio para os que aqui moram, companheiro dos que saem, hóspede com os que entram, até o dia de terem, todos, feliz acolhimento na casa do vosso Pai. Vós, que viveis e reinais para sempre. Amém.

Instrumentos de trabalho

Pelo trabalho, podemo-nos unir ao esforço da humanidade inteira no aperfeiçoamento do mundo que Deus deseja: justo, solidário e fraterno. A bênção dos instrumentos de trabalho é um momento de agradecer a Deus pela inteligência humana que inventa os meios necessários para tornar a vida humana menos árdua e mais produtiva. É também o momento de pedir que esses instrumentos favoreçam o bem de todos.

Ó Deus, de quem desce a plenitude da bênção e para quem sobe a oração dos que vos bendizem, protegei com bondade os vossos filhos que, fiéis e devotos, apresentam diante de vós os seus instrumentos de trabalho; concedei-lhes que, trabalhando com diligência, colaborem no aperfeiçoamento da criação, assegurem o seu sustento e o de seus familiares, e se esforcem por promover o progresso da sociedade e a glória do vosso nome. Por Cristo, nosso Senhor. Amém.

Plantações, campos e pastagens

Tudo é bênção de Deus (cf. Ef 1,3-6) e nele têm origem: a chuva que cai e rega as plantas, a fertilidade dos campos e as pastagens, (cf. Gn 1,1.11-12.29-31). Na bênção das plantações, louvamos o Senhor pelos dons e benefícios recebidos. Agradecemos e pedimos que conceda a riqueza das safras, a abundância dos frutos; e afaste o perigo das intempéries: seca, enchente, granizo, e que todos tenham acesso ao sustento da vida (cf. Dt 32,10-14).

Nós vos suplicamos, Senhor, Pai Santo, que possibilitastes ao ser humano trabalhar a terra e preservá-la, concedei-nos sempre riqueza de safras e abundância de todo fruto. Afastai os perigos do mau tempo: seca, enchente, granizo, geada..., multiplicando o produto de todas essas plantações. Também vos pedimos distância dos especuladores de terras e de todos aqueles que impedem as pessoas de ter um cantinho para plantar e viver. Mas, se isso não for possível, dai-nos coragem e sabedoria para lutar por nossos direitos. Por Cristo, nosso Senhor. Amém.

Veículos

Deus deu à criatura humana inteligência e espírito inventivo. Assim, as distâncias físicas e humanas são encurtadas mediante tantos veículos e meios de transporte. Na bênção de um veículo bendizemos o Senhor por tais tecnologias e pedimos a ele proteção nas viagens. À luz daquele que disse "Eu sou o caminho..." (Jo 14,6-7), os condutores tenham cautela, prudência e respeito para não colocar em risco a sua vida e a dos semelhantes.

Ó Deus todo poderoso, criador do céu e da terra, que em vossa multiforme sabedoria confiastes ao ser humano a realização de grandes e belas coisas, concedei que todos os usuários deste veículo percorram com cautela o seu caminho e preservem a segurança do caminho aos outros; e, indo ao trabalho ou ao descanso, tenham sempre como companheiro de caminhada a Cristo, que vive e reina para sempre. Amém.

Local de trabalho

Com o trabalho e o engenho humano, o homem é parceiro de Deus no aperfeiçoamento da criação (cf. Ex 35,30ss; Jó 28,1-28; Pr 31,10-31; Is 28,23-29; At 18,1-15; 1Ts 4,9ss). A bênção do local de trabalho não visa propriamente ao local ou aos instrumentos, mas às pessoas que ocupam os postos de trabalho, para que estabeleçam entre si relações autênticas de companheirismo e solidariedade fraterna.

Nós vos louvamos, Senhor, e vos bendizemos, porque não quisestes terminar sozinho a obra da criação e fizestes do ser humano vosso colaborador. Que neste local todos saibam trabalhar em equipe, um respeitando o outro, um valorizando as capacidades do outro, em espírito de fraternidade e colaboração e nunca de competição e de opressão. Abençoai, pois, Senhor, este local e todos os que irão trabalhar aqui, para que em tudo sejais glorificado, ó Pai, por Jesus Cristo, nosso Senhor, a quem pertencem a glória e o poder, agora e para sempre.

Local de esporte

A inauguração de um local de esporte pode representar muito para a qualidade de vida de uma comunidade, especialmen-

te da juventude. A bênção deste local é um momento em que a comunidade pode agradecer a Deus e pedir a ele a sua proteção, na certeza de que é ele que governa nossas vidas e dirige os acontecimentos humanos, tudo fazendo concorrer para o bem daqueles que nele depõem a sua confiança (Sb 13,1-7).

Nós vos louvamos, Senhor Deus, pois criastes todas as coisas para o bem do ser humano. Vós quereis que as pessoas tenham seus momentos de descanso, para restaurar as forças do corpo e do espírito, e que vivam num contínuo lazer, que significa agir alegremente em tudo o que se faz. Ficai presente neste local, acompanhando com vosso olhar de Pai os passos e as diversões dos vossos filhos. E que este local sirva também para estreitar os laços de amizade entre as pessoas e para desenvolver o espírito fraterno em nossa cidade (em nosso bairro). Por nosso Senhor Jesus Cristo, vosso Filho, na unidade do Espírito Santo. Amém.

Animais

No princípio Deus criou os animais e tudo o que existe na face da terra e confiou-os aos cuidados do homem (cf. Gn 1,1-29). Hoje, mais do que nunca, se descobre a necessidade do respeito aos animais. Estes não devem ser vistos apenas como fonte de alimentos, objeto de lucro exacerbado, mas como elos importantes na cadeia da preservação da própria Terra e da sobrevivência humana.

Ó Deus, que tudo fizestes com sabedoria e destes ao ser humano, criado à vossa semelhança, o domínio sobre os animais, mediante vossa bênção, estendei a vossa mão e concedei que estes animais desenvolvam seu papel no grande jogo cósmico da criação. Que eles nos ajudem na satisfação de nossas necessidades, enquanto nós, vossos filhos, ajudados por estes meios materiais, possamos aspirar confiantes, aos bens eternos. Por Cristo, Nosso Senhor. Amém.

ORAÇÕES A JESUS CRISTO

Jesus é o Caminho, a Verdade e a Vida (Jo 14,6). É por ele, nele e para ele que alcançamos as bênçãos do Pai. Ele nos ensinou a rezar com o coração purificado, cheio de amor filial e de humildade. Como ele, devemos rezar sempre, em segredo e unindo nossas preces às de todas as pessoas de boa vontade. Assim, temos a certeza de que aquilo que pedirmos em nome de Jesus, Deus Pai no- -lo concederá (cf. Jo 14,13).

Ao Sagrado Coração de Jesus

A devoção ao Sagrado Coração de Jesus remonta ao século XI e teve propagadores místicos como S. Bernardo, S. Anselmo e S. Boaventura. Seu fundamento está no ato de consagração (reconhecimento da soberania de Jesus e entrega absoluta à sua ternura e misericórdia) e na reparação (Comunhão reparadora e Hora Santa). No dia 9 de junho de 1899, Leão XIII consagrou o mundo inteiro ao Sagrado Coração de Jesus.

Lembrai-vos, ó dulcíssimo Jesus, que nunca se ouviu dizer que alguém, recorrendo com confiança ao vosso Sagrado Coração, implorando a vossa divina assistência e reclamando a vossa infinita misericórdia, fosse por Vós abandonado.

Possuído, pois, e animado da mesma confiança, ó Coração Sagrado de Jesus, rei de todos os corações, recorro a Vós, e me prostro diante de Vós. Meu Jesus, pelo vosso precioso testemunho de sangue e pelo amor de vosso divino Coração, peço-vos não desprezeis as minhas súplicas, mas ouvi-as favoravelmente e dignai-vos atender-me. Amém.

Consagração ao Sagrado Coração de Jesus

(Sta. Margarida Maria Alacoque)

A grande propagadora da devoção ao Sagrado Coração de Jesus foi Sta. Margarida Maria Alacoque. Entre as práticas de devoção ao Sagrado Coração de Jesus, temos o ato de consagração e o ato de reparação. Na consagração, oferecemos a Deus, soberano Senhor, a vida com tudo o que temos. Na reparação, desagravamos a Deus aproximando-nos da Eucaristia, com a prática das primeiras nove sextas-feiras e a Hora Santa.

Eu me dou e me consagro ao Sagrado Coração de nosso Senhor Jesus Cristo: minha pessoa e minha vida, minhas ações, meus trabalhos e meus sofrimentos, a fim de empregar tudo quanto sou e tenho, unicamente, para colaborar com Deus na construção de novos céus e de uma nova terra. É minha resolução irrevogável ser inteiramente dele e fazer tudo por seu amor, renunciando de todo o meu coração a tudo que lhe possa desagradar. Portanto, ó Coração Sagrado, eu vos escolho como único objeto do meu amor, protetor de minha vida, penhor de minha salvação, amparo de minha fragilidade e inconstância, reparação de todas as faltas de minha vida e asilo seguro na hora de minha morte. Coração de ternura e bondade! Sede vós minha justificação diante de Deus vosso Pai e afastai de mim os castigos de sua justa cólera. Coração de amor! Em vós ponho toda a minha confiança; de minha fraqueza e maldade tudo temo, mas de vossa bondade tudo espero. Consumi, pois, em mim, tudo o que puder desagradar-vos ou se opor a vós. Imprimi o vosso puro amor tão firmemente no meu coração, que nunca mais vos possa esquecer nem possa de vós me separar, Coração sagrado. Eu vos conjuro, por toda a vossa bondade, que o meu nome seja profundamente gravado em vós; pois eu quero que toda a minha felicidade e glória seja viver e morrer no vosso serviço. Amém.

Ladainha do Sagrado Coração de Jesus

Ladainha ou litania é uma oração de súplica ou de intercessão, formada por uma série de invocações curtas e respostas repetidas. É uma prática de piedade muito antiga na Igreja (séc. IV). A partir dos escritos de Sta. Margarida Maria Alacoque, a ladainha do Sagrado Coração de Jesus teve várias versões, como por exemplo, a da Irmã Joly da Visitação (cerca de 1686) a do padre Croiset, até a versão oficial da Igreja, promulgada em 1898.

D – Senhor, tende piedade de nós.

Jesus Cristo, tende piedade de nós.

T – Senhor, tende piedade de nós.

D – Jesus Cristo, ouvi-nos.

T – Jesus Cristo, atendei-nos.

Deus, Pai do céu,

T – Tende piedade de nós.

Deus Filho, redentor do mundo,

Deus Espírito Santo,

Santíssima Trindade que sois um só Deus, tende piedade de nós.

Coração de Jesus, Filho do Pai eterno,

Coração de Jesus, formado pelo Espírito Santo no seio da Virgem Mãe,

Coração de Jesus, unido substancialmente ao Verbo de Deus,

Coração de Jesus, de infinita majestade,

Coração de Jesus, templo santo de Deus,

Coração de Jesus, tabernáculo do Altíssimo,

Coração de Jesus, casa de Deus e porta do céu,

Coração de Jesus, fornalha ardente de caridade,

Coração de Jesus, receptáculo de justiça e de amor,

Coração de Jesus, cheio de bondade e de amor,

Coração de Jesus, abismo de todas as virtudes,

Coração de Jesus, digníssimo de todo o louvor,

Coração de Jesus, rei e centro de todos os corações,

Coração de Jesus, no qual estão todos os tesouros de sabedoria e de ciência,

Coração de Jesus, no qual habita toda a plenitude da divindade,

Coração de Jesus, no qual o Pai pôs a sua complacência,

Coração de Jesus, de cuja plenitude todos nós participamos,

Coração de Jesus, desejo das colinas eternas,

Coração de Jesus, paciente e muito misericordioso,

Coração de Jesus, rico para todos os que o invocam,

Coração de Jesus, fonte de vida e santidade,

Coração de Jesus, propiciação pelos nossos pecados,

Coração de Jesus, saturado de opróbrios,

Coração de Jesus, atribulado por causa de nossos crimes,

Coração de Jesus, obediente até a morte,

Coração de Jesus, traspassado pela lança,

Coração de Jesus, fonte de toda consolação,

Coração de Jesus, nossa vida e ressurreição,

Coração de Jesus, nossa paz e reconciliação,

Coração de Jesus, vítima dos pecadores,

Coração de Jesus, salvação dos que esperam em vós,

Coração de Jesus, esperança dos que expiram em vós,

Coração de Jesus, delícia de todos os santos,

D – Cordeiro de Deus, que tirais os pecados do mundo,

T – Perdoai-nos, Senhor.

D – Cordeiro de Deus, que tirais os pecados do mundo,

T – Ouvi-nos, Senhor.

D – Cordeiro de Deus, que tirais os pecados do mundo,

T – Tende piedade de nós.

D – Jesus, manso e humilde de coração,

T – Fazei nosso coração semelhante ao vosso.

Invocação a Jesus Mestre

A invocação é um apelo silencioso ou manifesto a Deus, a Maria ou aos santos. A grande invocação bíblica é aquela dirigida a Deus como "o Pai dos pobres", do órfão e da viúva (cf. Sl 68,6). A invocação a Jesus Mestre, Caminho, Verdade e Vida, ocupa um lugar especial na espiritualidade da "Família Paulina", fundada por Pe. Tiago Alberione, que via em Jesus o Mestre e o comunicador por excelência da Verdade à humanidade..

– Jesus Mestre, santificai minha mente e aumentai minha fé.

– Jesus Mestre, vivo na Igreja, atraí todos à vossa escola.

– Jesus Mestre, libertai-me do erro, dos pensamentos inúteis e das trevas eternas.

– Jesus Mestre, caminho entre o Pai e nós, tudo vos ofereço e de vós tudo espero.

– Jesus, caminho da santidade, tornai-me vosso fiel seguidor.

– Jesus caminho, tornai-me perfeito como o Pai que está nos céus.

– Jesus vida, vivei em mim para que eu viva em vós.

– Jesus vida, não permitais que eu me separe de vós.

– Jesus vida, fazei-me viver eternamente na alegria do vosso amor.

– Jesus verdade, que eu seja luz para o mundo.

– Jesus caminho, que eu seja vossa testemunha autêntica diante das pessoas.

– Jesus vida, fazei que minha presença contagie a todos com o vosso amor e a vossa alegria.

Oração a Jesus operário

O cristão não deve encarar o trabalho como uma penalidade, mas sim como uma colaboração com Deus no aperfeiçoamento da criação visível (cf. Gn 1,26-29; 3,17-19). Jesus era chamado o "Filho do Carpinteiro" (cf. Mc 6,2-3) e ensinava que não devemos desperdiçar os talentos recebidos (cf. Mt 25,14ss). Sua vida foi um contínuo serviço, ou seja, a realização de uma tarefa em benefício do outro (cf. Mt 20,20-28; Lc 22,25-27).

Jesus, divino operário e amigo dos operários, olhai com bondade para o mundo do trabalho.

Nós vos apresentamos as necessidades de todos os que trabalham nos diversos setores da atividade humana.

Sabeis como a nossa vida é dura: cheia de cansaços, sofrimentos e perigos.

Dirigi também a nós vossas palavras de piedade:

"Tenho compaixão deste povo".

Confortai-nos, pelos méritos e intercessão de São José, modelo dos trabalhadores.

Dai-nos sabedoria, força e amor, que nos sustentem nas jornadas de trabalho.

Inspirai-nos pensamentos de fé, de paz, de moderação e de economia, e fazei com que busquemos não só o pão cotidiano, mas também as riquezas do Espírito e a felicidade eterna.

Livrai-nos daqueles que procuram roubar-nos o dom da fé e a confiança na vossa Providência.

Livrai-nos dos exploradores, que desconhecem os direitos e a dignidade da pessoa humana.

Que as leis sociais se inspirem no vosso Evangelho.

E que as diferentes classes sociais colaborem sinceramente entre si, a fim de que a caridade e a justiça sejam respeitadas. Libertai todos os seres humanos do ódio, da violência e da injustiça. Ensinai-lhes o mandamento do amor. Que todos sigam o magistério da Igreja, capaz de dar ao mundo uma doutrina social justa e humana, que assegure aos trabalhadores sua promoção pessoal e social e a posse do reino dos céus, herança dos pobres. Amém.

Oração ao Senhor Bom Jesus

De origem portuguesa, esta devoção se espalhou por todo o Brasil por intermédio dos bandeirantes (séc. XVII). Em São Paulo: Bom Jesus do Iguape, do Tremembé, de Pirapora. Em Minas Gerais: Bom Jesus dos Perdões, de Matozinhos. Na Bahia: Bom Jesus da Lapa. Pernambuco: Senhor Santo Cristo (Bom Jesus de Ipojuca). Mato Grosso: Senhor Bom Jesus de Cuiabá. Santa Catarina: Senhor dos Passos etc.

Senhor Bom Jesus, meu divino amigo, amigo de todos, olhai para nós e dai-nos o pão de cada dia, ajudai aqueles que não têm trabalho, nem teto.

Ajudai-nos a ser firmes na fé e na esperança, defendei-nos dos perigos e do pecado, ajudai-nos a vencer as dificuldades que hoje vamos encontrar.

Velai sobre a minha família, guiando-nos sempre pelo caminho que nos leva até vós.

Perdoai-nos, Senhor, e abençoai os nossos desejos para o dia de amanhã.

Senhor Bom Jesus, eu vos ofereço todo o meu dia, meu trabalho, minhas lutas, minhas alegrias e minhas dores.

Concedei a mim e a toda a minha família a vossa bênção e uma vida feliz. Bom Jesus, operário de Nazaré, abençoai a todos nós. Amém.

Novena poderosa ao Menino Jesus de Praga

A devoção ao Menino Jesus remonta aos séculos XII e XIII, quando a espiritualidade

*católica voltou-se à infância e à paixão de
Jesus. Santos como S. Bernardo, S. Francisco de Assis, S. Clara, S. Angela de Foligno devotavam especial carinho ao Menino Jesus.
Nesse contexto, por volta de 1628, surgiu na
Espanha a devoção ao Menino Jesus de Praga, tendo em S. Afonso do Ligório seu grande
propagador.*

Jesus, que dissestes: pedi e recebereis,
procurai e achareis; por intermédio de Maria,
vossa santa Mãe, eu vos rogo que minha prece
seja atendida (menciona-se o pedido).

Jesus, que dissestes: tudo o que pedirdes
ao Pai em meu nome ele atenderá; por intermédio de Maria, vossa santa Mãe, eu humildemente
rogo ao vosso Pai, em vosso nome, que minha
oração seja ouvida (menciona-se o pedido).

Jesus, que dissestes: o céu e a terra passarão, mas a minha palavra não passará; por intermédio de Maria, vossa santa Mãe, eu confio
que minha oração seja ouvida (menciona-se o
pedido). Rezar três Ave-Marias e um Pai-Nosso.

Senhor do Bonfim

A devoção ao Senhor do Bonfim nasceu em Setúbal, Portugal (séc. XVII). Segundo a tradição, uma mulher achou aos pedaços a imagem original que veio à tona numa praia. Em 1745, Teodósio Rodrigues de Faria trouxe uma cópia da imagem para Salvador. O Senhor do Bonfim é o Senhor que guarda e acompanha a todos, ricos e pobres, gente simples e gente importante. Portanto, é uma devoção de todos.

Senhor do Bonfim, o céu e a terra são obras de vossas mãos; o sol se obscurece ante a vossa luz; e contudo as trevas deste mundo vos rejeitaram.

De braços abertos, pregado na cruz, exclamastes: "Tudo está consumado!" A vossa missão terrena chegou ao fim. Foi um bom fim, porque lá onde parecia aos olhos humanos estar findando a vossa vida, espalhava-se pelo mundo a vida da graça, do amor e do perdão para todos nós, negros e brancos, ricos e pobres. Bom Jesus, Senhor do Bonfim, esclarecei a minha crença, fortalecei a minha fé, guiai-me pelo caminho luminoso da nossa santa religião cristã.

Senhor do Bonfim, vosso sangue rega meus pecados e faz brotar deles sementes de um amor verdadeiro; vossas dores me falam de um Deus solidário com os meus sofrimentos; vossa morte por amor me indica o único caminho para uma vida feliz na eternidade. Amém.

Oração a Jesus Crucificado

Ao ser crucificado e expirar suspenso na cruz, Jesus dá testemunho vivo do que significa amar de forma radical: dar a vida pela salvação de muitos.

Doravante não poderá haver dentro do coração humano espaço para a intolerância, para a violência, para o ódio, para o fanatismo, para o medo, para o orgulho e a autossuficiência, pois em Jesus nos foi dado um coração e um espírito novo. O amor e o perdão são realidades possíveis em nossas humanas relações.

Eis-me aqui, meu bom e dulcíssimo Jesus! Humildemente prostrado em vossa presença, vos peço e suplico com todo o fervor de minha alma, que vos digneis gravar no meu coração os mais vivos sentimentos de fé, esperança e caridade, e de verdadeiro arrependimento de meus pecados, e firme propósito de emendar-me. Em espírito, contemplo com grande afeto e dor as vossas cinco chagas, tendo presente as palavras que já o profeta Davi punha em vossa boca, bom Jesus: Traspassaram as minhas mãos e os meus pés e contaram todos os meus ossos.

Ao Bom Jesus dos Aflitos

Jesus viveu na própria carne a aflição e o desespero de um julgamento injusto e de uma condenação à morte de cruz. Jesus, porém, manteve até o fim sua confiança inabalável no Pai, que o ressuscitou ao terceiro dia. É a esse homem das dores (Servo sofredor) que se volta o nosso coração aflito e desesperado. Confiantes naquele que pode corrigir o que está errado, completar o que está falho, nossa fé e esperança serão resgatadas.

Ó meu Bom Jesus, Senhor dos Aflitos, vós dissestes: "Vinde a mim todos os aflitos, que vos aliviarei". Aqui estou para conversar convosco... Infundi em meu coração um profundo amor, para que amando, servindo e ajudando-vos na pessoa de meu semelhante eu possa viver o vosso Evangelho, praticando o bem e sendo útil, e assim participar da vida no céu. Senhor Bom Jesus dos Aflitos, Vós sois minha única esperança. Ajudai-me a resolver os meus problemas. Isso vos peço em união com o Pai e o Espírito Santo. Amém.

Pai-Nosso, Ave-Maria e Glória ao Pai.

ORAÇÕES AO ESPÍRITO SANTO

O Espírito Santo é a Terceira Pessoa da Trindade. É a respiração de Deus, presente desde o princípio do mundo (cf. Gn 1,2). Prometido a nós por Jesus, ele é a alma e a própria respiração da Igreja. Dele procedem todo discernimento e toda ação transformadora das mentes e dos corações. Tem o poder de revitalizar nossos ossos ressequidos e de nos sarar por dentro. É ele que nos faz chamar a Deus de Pai e ensina as coisas do alto (cf. Jo 14,26).

Espírito Santo

"Creio no Espírito Santo", assim professamos a fé no Espírito de Jesus a nós enviado pelo Pai. "Sem o Espírito não é possível ver o Filho de Deus, e, sem o Filho, ninguém pode aproximar-se do Pai, pois o conhecimento do Pai é o Filho, e o conhecimento do Filho de Deus se faz pelo Espírito Santo" (S. Irineu). É ele que "move o coração e o converte a Deus, abre os olhos da mente e dá a todos suavidade no consentir e crer na verdade".

Vinde, Espírito Santo, enchei os corações dos vossos fiéis e acendei neles o fogo do vosso amor. Enviai, Senhor, o vosso Espírito e tudo será criado. E renovareis a face da terra.

Oremos:

Vinde, Espírito Santo, com o Filho e com o Pai. Inundai a nossa mente, nossa vida iluminai. Boca, olhos, mãos, sentidos, tudo possa irradiar o amor que em nós pusestes para os outros inflamar.

A Deus Pai e a seu Filho, por vós, dai-nos conhecer que de ambos procedeis, dai-nos sempre firmes crer. Amém, aleluia!

Ao Divino Espírito Santo

Respiração de Deus, Espírito de Verdade, o Consolador, o Paráclito, Advogado, Conselheiro, Luz dos corações, são alguns atributos do Espírito Santo. Deus consubstancial ao Pai e ao Filho, ele reina, santifica e anima toda a criação. Habita as profundezas misteriosas do coração humano, murmurando continuamente "Abba" - Pai! (cf. Gl 4,6). Por isso, ninguém pode dizer: "Jesus é Senhor" a não ser nele e por ele (cf. 1Cor 12,3).

Espírito Santo, que reinais nos céus,
sois nossa força!

Espírito de verdade,

presente em toda parte,

plenificando o universo,

tesouro de todos os bens

e fonte de vida,

vinde habitar em nossos corações!

Libertai-nos de toda culpa,

e conduzi-nos, por vossa bondade à salvação.

Na força do vosso amor, uni todos

os que creem em Cristo!

Santificai-os com o fogo de vosso amor.

Deus santo, Deus forte, Deus imortal,

tende piedade de nós!

Curai nossas feridas,

por amor de vosso nome

e recebei-nos, enfim,

no vosso Reino. Amém.

Oração dos sete dons do Espírito Santo

Os dons do Espírito Santo têm seu fundamento bíblico na passagem clássica de Isaías 11,2, a qual repercute em tantos outros textos do Novo Testamento (cf. 1Cor 2,16-17; 6,19; 2Cor 6,16 etc), em escritos dos Padres da Igreja, entre outros, S. Agostinho. Essa multiplicidade de dons, expressa simbolicamente pelo número 7, é aplicada primeiramente ao Messias Jesus e, depois, a todos os que praticam a justiça e são retos de coração.

Ó Deus Espírito Santo, derramai em nós os vossos dons. O dom da *Sabedoria*, que nos mantém voltados para o bem e o belo. O dom da *Inteligência*, que nos faz ver onde está a verdade. O dom do *Conselho*, que nos ajuda a escolher o que mais nos convém. O dom da *Fortaleza*, que nos dá coragem e decisão para enfrentar o mal. O dom da *Ciência*, que nos faz compreender os "sinais dos tempos". O dom da *Piedade*, que nos faz ser espontâneos e autênticos na Oração. O dom do *Temor*, que nos faz fugir de toda maldade. Ó Espírito Santo, realizai agora, no coração de vossos fiéis, as maravilhas que operastes no início da pregação do Evangelho. Amém.

Oração ao Espírito Santo

(Concílio de Toledo IV)

Em 633, os bispos se reuniram em Toledo (IV Concílio de Toledo) para explicar que o Espírito Santo procede do Pai e do Filho. Ou seja, aquele que o Pai enviou aos nossos corações é consubstancial ao Pai e ao Filho, realmente Deus. É representado pelo fogo, pois dele procede toda ação que realmente transforma o coração humano, reabilita as relações humanas (cf. Eclo 48,1; Lc 1,17; 3,16; 12,49, At 2,3-4; 1Ts 5,19).

Espírito Santo, estamos diante de vós, sob o peso de nossas culpas, mas reunidos em vosso nome. Vinde a nós e ficai conosco! Penetrai em nossos corações.

Ensinai-nos o que devemos fazer,
que caminho seguir.
Mostrai-nos como devemos agir
para podermos, com vossa ajuda,
agradar-vos em tudo.
Que somente vós sejais o inspirador
e o doador de nossos pensamentos.
Vós, que amais infinitamente a equidade,
não permitais que subvertamos a justiça.
A ignorância não nos leve a praticar o mal;
nem nos deixemos guiar pela parciali-
dade,
nem por interesses pessoais;
mas sejamos firmemente unidos a vós,
para que sejamos uma só coisa convosco,
jamais nos desviando da verdade.

Espírito Santo, assim como nos reunimos em vosso nome,

do mesmo modo, guiados pelo vosso amor, permaneçamos na justiça.

E que nesta terra jamais nos afastemos de vós

e, na vida futura, alcancemos

a felicidade eterna.

Amém.

Hino ao Espírito Santo

Vinde, Espírito Santo, e enviai-nos do alto do céu, um raio da vossa luz!

Vinde, Pai dos pobres, vinde, fonte de todos os dons, vinde, luz dos corações! Consolador magnífico! Doce hóspede da alma! Doce reconforto!

Sois repouso para o nosso trabalho,

força contra nossas paixões,
conforto para as nossas lágrimas.
Sem o vosso auxílio,
nada pode o ser humano,
nada produz de bom!
Lavai as nossas manchas!
banhai nossa aridez!
Curai nossas feridas!
Dobrai a nossa dureza!
Aquecei nossa frieza!
Corrigi os nossos erros!
Dai aos vossos fiéis,
que em vós confiam,
os sete dons sagrados!
Dai-nos o mérito da virtude!
Dai-nos o troféu da salvação,
dai-nos a alegria eterna. Amém.

Ao Espírito Santo

(De João XXIII, no Pentecostes de 1962)

Natural de Sotto II Monte (Itália) João XXIII (1881-1963) foi o sucessor de Pio XII em 1958. Foi ele quem convocou o Concílio Vaticano II, que haveria de abrir a Igreja ao sopro renovador do Espírito. Homem de profunda densidade humana, tornou-se mais lembrado pelo seu trabalho em favor da dignidade das pessoas que das pompas e glórias de seu pontificado. Deixou duas importantes encíclicas: Mater et magistra e Pacem in Terris.

Ó Espírito Santo Consolador, aperfeiçoai em nós a obra que Jesus começou. Tornai forte e contínua a oração que fazemos em nome do mundo inteiro; intensificai em nós uma profunda vida interior. Que nenhum apego terreno nos impeça de honrar a nossa vocação; nenhum interesse mortifique as exigências da justiça; nenhum cálculo reduza os imensos espaços da caridade aos estreitos limites do egoísmo. Que tudo em nós corresponda à última oração do Filho ao Pai e àquela efusão que de vós, ó Santo Espírito de amor, o Pai e o Filho quiseram derramar sobre a Igreja, sobre cada pessoa e sobre todos os povos. Renovai em nossa época os prodígios como que de um novo pentecostes; e concedei que a vossa Igreja, reunida em oração unânime e mais intensa em torno de Maria, mãe de Jesus, difunda o Reino do Divino Salvador, reino de verdade, de justiça, de amor e de paz. Amém.

ORAÇÕES A NOSSA SENHORA

Maria sempre esteve presente na vida de Jesus, desde o nascer na gruta de Belém ao expirar no calvário. Ao pé da cruz, Jesus confiou a ela os seus discípulos. E os discípulos encontraram nela o apoio na Igreja nascente. Os cristãos de todos os tempos têm Maria como a mãe amorosa que intercede a Deus em favor de seus filhos. Desse amor tem brotado as mais lindas preces e invocações a ela dirigidas.

Saudação a Nossa Senhora

(Angelus)

A hora do Angelus *ou* A hora da Ave-Maria *consiste na recitação de três Ave-Marias intercaladas por versículos evangélicos alusivos à encarnação de Jesus no seio da Virgem. O costume de tocar o sino antes do* Angelus *vem de Calisto III que, em 1456, ordenou que nas igrejas de Roma soassem os sinos ao raiar da manhã, ao meio-dia e ao cair da tarde, exortando os cristãos a intercederem à Virgem pela vitória contra os Turcos.*

Recordando, Virgem Santíssima, o dia em que teve início a nossa Redenção, agradecido, quero relembrar o vosso diálogo com o mensageiro de Deus.

– O anjo do Senhor anunciou a Maria.

– E ela concebeu por obra do Espírito Santo.

Ave Maria...

– Eis aqui a serva do Senhor.

– Faça-se em mim segundo a vossa palavra.

Ave Maria...

– E o Verbo se fez homem.

– E habitou entre nós.

Ave Maria...

– Rogai por nós, Santa Mãe de Deus,

– Para que sejamos dignos das promessas de Cristo.

Oremos:

Derramai, ó Deus, a vossa graça em nossos corações, para que, conhecendo pela mensagem do Anjo a encarnação de Jesus Cristo, vosso Filho, cheguemos, por sua paixão e morte na cruz, à glória da ressurreição. Por Cristo, nosso Senhor. Amém.

Magnificat

Cântico de louvor a Deus proferido pela Virgem Maria ao ser saudada pela prima Isabel como a Mãe do Messias (cf. Lc 1,46-55),

*com forte ressonância no cântico de Ana
(cf. 1Sm 2,1-10). No cântico de Maria estão
em evidência a ternura e a misericórdia
do Deus dos pobres e injustiçados. O Magnificat, recitado ou cantado, esteve sempre
presente nas rezas de monges, de religiosos
e nas práticas de piedade do povo cristão de
todos os tempos.*

– Minha alma engrandece o Senhor, e meu espírito exulta em Deus, meu Salvador.

– Pôs os olhos na humildade de sua serva, doravante toda a Terra cantará os meus louvores.

– O Senhor fez em mim maravilhas. Santo é o seu nome.

– Seu amor para sempre se estende sobre aqueles que o temem.

– Demonstrando o poder de seu braço, dispersa os soberbos.

– Abate os poderosos de seus tronos e eleva os humildes.

– Sacia de bens os famintos, despede os ricos sem nada.

– Acolhe Israel seu servidor, fiel ao seu amor.

– E à promessa que fez a nossos pais, em favor de Abraão e de seus filhos para sempre.

– Glória ao Pai, ao Filho e ao Santo Espírito, desde agora e para sempre, pelos séculos. Amém.

Consagração a Nossa Senhora

No Batismo, somos ungidos pelo Espírito Santo e recebemos o selo, o sinal de que pertencemos a Deus, de que somos seus filhos. A consagração a Nossa Senhora significa "separar" para ela o que temos de mais precioso, que é a nossa vida e tudo o que possuímos, com a certeza de que ela cuidará daqueles que a têm como refúgio, porto de salvação, advogada nos momentos de tropeço.

Ó minha Senhora e minha Mãe, eu me ofereço todo a vós, e em prova de minha devoção para convosco, vos consagro neste dia meus olhos, meus ouvidos, minha boca, meu coração e todo o meu ser. E já que sou vosso, ó incomparável Mãe, guardai-me e defendei-me como coisa e propriedade vossa. Amém.

Ladainha de Nossa Senhora

A ladainha de Nossa Senhora foi inspirada na litania de todos os santos. É uma forma de invocação à Virgem Maria mediante seus títulos e privilégios. Sofreu várias modificações no transcorrer dos séculos, até fixar-se na forma aprovada oficialmente por Sisto V, em 1587, e que permanece inalterada até hoje, salvo o acréscimo de dois títulos: Rainha da paz, introduzido por Bento XV e Rainha assunta ao céu.... por Pio XII.

D – Senhor, tende piedade de nós.

Jesus Cristo, tende piedade de nós.

T – Senhor, tende piedade de nós.

D – Jesus Cristo, ouvi-nos.

T – Jesus Cristo, atendei-nos.

D – Deus, Pai dos Céus,

T – Tende piedade de nós.

D – Deus Filho, redentor do mundo,

T – Tende piedade de nós.

Deus Espírito Santo,

Santíssima Trindade, que sois um só Deus,

Santa Maria,

T – Rogai por nós!

Santa Mãe de Deus,

Santa Virgem das virgens,

Mãe de Jesus Cristo,

Mãe da divina graça,

Mãe puríssima,

Mãe castíssima,

Mãe intacta,

Mãe imaculada,

Mãe amável,

Mãe admirável,

Mãe do bom conselho,

Mãe do Criador,

Mãe do Salvador,

Virgem prudentíssima,

Virgem venerável,

Virgem louvável,

Virgem poderosa,

Virgem benigna,

Virgem fiel,

Espelho de justiça,

Sede da sabedoria,

Causa da nossa alegria,

Vaso espiritual,

Vaso honorífico,

Vaso insigne de devoção,

Rosa mística,

Torre de Davi,

Torre de marfim,

Casa de ouro,

Arca da aliança,

Porta do céu,

Estrela da manhã,

Saúde dos enfermos,

Refúgio dos pecadores,

Consoladora dos aflitos,

Auxílio dos cristãos,

Rainha dos anjos,

Rainha dos patriarcas,

Rainha dos profetas,

Rainha dos apóstolos,

Rainha dos mártires,

Rainha dos confessores,

Rainha das virgens,

Rainha de todos os santos,

Rainha concebida sem pecado original,

Rainha assunta ao céu,

Rainha do santo rosário,

Rainha da paz.

Cordeiro de Deus, que tirais os pecados do mundo, perdoai-nos, Senhor.

Cordeiro de Deus, que tirais os pecados do mundo, ouvi-nos, Senhor.

Cordeiro de Deus, que tirais os pecados do mundo, tende piedade de nós.

V. Rogai por nós, santa mãe de Deus.

R. Para que sejamos dignos das promessas de Cristo.

Oremos:

Senhor Deus, nós vos suplicamos que concedais a vossos servos perpétua saúde de espírito e de corpo; e que pela gloriosa intercessão da bem-aventurada sempre Virgem Maria não esmoreçamos nas tristezas e gozemos sempre da eterna alegria. Por Cristo nosso Senhor. Amém.

Rainha dos Apóstolos

Nossa Senhora Rainha dos Apóstolos já era invocada nas ladainhas, ao tempo de S. Gregório Magno (séc. VII). Pe. Tiago Alberione (1884-1971), fundador das congregações e institutos religiosos que formam a "Família Paulina", escolheu como Mãe, Mestra e padroeira de sua obra Nossa Senhora Rainha dos Apóstolos. Em agradecimento por sua proteção durante a Segunda Guerra, construiu em Roma o Santuário Regina Apostolorum.

Jesus misericordioso, eu vos agradeço, porque me destes Maria como Mãe.

Maria, eu vos agradeço, porque destes à humanidade Jesus, o Mestre Divino, Caminho, Verdade e Vida.

Agradeço-vos porque no Calvário nos aceitastes como filhos.

Vossa missão está unida à de Jesus, que "veio procurar e salvar o que estava perdido".

Oprimido pelos meus pecados, refugio-me em vós, ó minha Mãe, minha esperança! Assisti-me com misericórdia, como a um filho doente!

Quero receber vossos cuidados maternais!

Tudo espero de vós: perdão, conversão, santidade.

Entre os vossos filhos, coloco-me numa categoria particular: a dos mais necessitados, nos quais abundou o pecado onde havia transbordado a graça.

Estes filhos, porque orgulhosos, vos inspiram cuidado especial. Acolhei-me entre eles. Fazei o grande milagre, transformando um pecador em apóstolo!

Será um prodígio e uma glória para o vosso Filho e para vós, minha Mãe!

Tudo espero de vosso Coração, ó Mãe, Mestra e Rainha dos Apóstolos! Amém.

Nossa Senhora Aparecida

(12 de outubro)

Em 1717, alguns pescadores "pescaram" no Paraíba a imagem de Nossa Senhora da Conceição. Primeiro pescaram o corpo e depois a cabeça. Antes de ganhar a basílica atual, em 1980, inaugurada por João Paulo II, Nossa Senhora Aparecida permaneceu 20 anos na casa do pescador Filipe Cardoso, 8 num oratório, 143 numa capelinha e 92 na basílica velha. Em 1930, foi proclamada Rainha e Padroeira do Brasil, e em 1967 recebeu de Paulo VI a Rosa de Ouro.

Nossa Senhora Aparecida, aqui tendes, diante de vossa imagem, o vosso Brasil, o Brasil que vem novamente consagrar-se à vossa maternal proteção.

Escolhendo-vos por especial padroeira e advogada de nossa Pátria, nós queremos que ela seja inteiramente vossa.

Que seja vossa a sua natureza exuberante, vossas as suas riquezas, vossos os campos e as montanhas, os vales e os rios, vossas as cidades e as indústrias, vossa a sociedade, os lares e seus habitantes com tudo o que possuem, vosso, enfim, todo o Brasil.

Sim, Senhora da Conceição Aparecida, o Brasil é vosso. Por vossa intercessão temos recebido todos os bens que Deus nos prodigalizou e muitos ainda esperamos receber.

Obrigado por tudo, Virgem Mãe Aparecida. Abençoai, Senhora, o Brasil que vos agradece, o Brasil que vos ama, o Brasil que é vosso.

Protegei a Santa Igreja, preservai a nossa fé, defendei o Santo Padre, assisti os nossos bispos, santificai o nosso clero, amparai o nosso povo, esclarecei o nosso governo, guiai a nossa mente no caminho do bem e da verdade.

Rainha do Brasil, mãe de todos os brasileiros, venha a nós o amoroso reino do Pai. Por vossa mediação, venha à nossa pátria o Reino de Jesus Cristo, vosso Filho e Senhor nosso. Amém.

Consagração a Nossa Senhora Aparecida

A consagração é o ponto mais alto da devoção a Nossa Senhora Aparecida, em que o devoto reconhece o poder, a bondade e a misericórdia de Maria, que a tudo ultrapassa. Por isso, num ato de amor e de confiança filial, entrega a ela tudo o que possui, todo o seu ser. Coloca em suas mãos o passado, o presente e o futuro, na certeza de que ela jamais abandonou os que a ela recorrem com fé e devoção.

Ó Virgem Aparecida, padroeira do Brasil, que espalhais inúmeras bênçãos sobre a nossa Pátria, desejosos de participar dos benefícios de vossa misericórdia, prostrados aos vossos pés, consagramo-vos nossa mente, nossa vontade e nosso coração, para que estejam sempre ao serviço do bem. Nós vos consagramos também, ó Senhora Aparecida, as nossas famílias e todo o povo brasileiro. Livrai-nos da violência, dos desastres, das doenças, do pecado e de todo mal. Acolhei sob a vossa maternal proteção as nossas famílias, as crianças, os doentes, os velhinhos e os pobres que não têm amparo. Abençoai o papa, os bispos e presbíteros, nosso pároco e todo o vosso povo. Senhora Aparecida, padroeira querida do Brasil, socorrei-nos em todas as nossas necessidades, fortalecei-nos em nossa fraqueza, caminhai conosco, a fim de que, seguindo os passos de vosso Filho Jesus, possamos um dia louvar-vos e bendizer-vos para sempre no céu. Amém.

Nossa Senhora do Caravaggio

(26 de maio)

Em 1432, Nossa Senhora apareceu em Caravaggio, Itália, a uma camponesa, Joanete Varchi, enquanto trabalhava no campo. A Virgem lhe confiou uma mensagem de paz ao povo cansado de guerra. Pediu penitência, orações e que ali fosse erguida uma igreja. Em sinal de perene proteção, fez surgir uma abundante fonte que, para espanto do incrédulo e perverso marido, fez florir o ramo seco ali jogado mais por deboche que por devoção.

Lembrai-vos, ó puríssima Virgem Maria, que jamais se tem ouvido que deixásseis de socorrer e de consolar a quem vos invocou implorando a vossa proteção e assistência; assim, pois, animado com igual confiança, como a mãe amantíssima, ó Virgem das virgens, a vós recorro; de vos me valho, gemendo sob o peso de meus pecados, humildemente me prostro a vossos pés.

Não rejeiteis as minhas súplicas, ó Virgem do Caravaggio, mas dignai-vos ouvi-las propícia e me alcançar a graça que vos peço. Amém.

Três Ave-Marias.

Nossa Senhora do Carmo

(16 de julho)

Carmelo quer dizer Vinha (carmo) do Senhor ("elo"). Esse monte na Palestina tem particular significado para os carmelitas, pois foi ali que Elias tivera a visão da Virgem que sob forma de nuvem se dirigia ao Carmelo. No dia 16 de julho de 1251, Nossa Senhora do Carmo apareceu a S. Simão Stock e lhe confiou o Escapulário como penhor de sua proteção, especialmente dos carmelitas perseguidos na Terra Santa pelos sarracenos (séc. XII).

Nossa Senhora do Carmo! A nuvem do profeta Elias, sobre o Monte Carmelo, regou a Terra, revigorou toda a natureza e alegrou o Povo de Deus.

Virgem Santíssima, vós sois poderosa junto a Deus onipotente! Pelo símbolo de vosso escapulário, mostrai-nos a vontade que Deus tem de espalhar uma chuva de graças sobre os vossos fiéis devotos e abençoai todo o Povo de Deus.

Eu, debilitado por mil fraquezas físicas e morais, recorro a vós! Estendei-me vossa mão bondosa e volvei para mim vosso olhar maternal, dando-me ânimo, coragem e saúde de corpo e de mente.

Nossa Senhora do Carmo, rogai por nós.

Nossa Senhora Desatadora de Nós

(15 de agosto)

O título e a devoção a Nossa Senhora Desatadora de Nós nasceu na Alemanha, em

1700. O presbítero da capela de St. Peter Am Perlach, na cidade de Augsburg, encomendou ao artista Johann Schmittdner um quadro de Nossa Senhora. Para pintá-lo, o artista buscou inspiração nos dizeres de Santo Irineu, Bispo de Lyon, no Século III: "Eva, por sua desobediência, atou o nó da desgraça para o gênero humano; Maria, por sua obediência, o desatou".

Ó Virgem Santa Maria, Mãe servidora, que nunca deixais de vir em Socorro dos Aflitos, porque o Senhor vos encarregou de desatar os nós da vida dos vossos filhos, voltai para mim o vosso olhar compassivo e vede o emaranhado de Nós que há em minha vida: no trabalho, na família, nos negócios, no passado e no presente. Por mais que eu tente encontrar soluções, sinto-me sempre no mesmo lugar. Tristeza, angustia e desespero me assaltam todos os dias.

Ó Senhora minha, eu me entrego aos vossos cuidados, porque creio que nada nem ninguém, nem mesmo o maligno, poderá arrancar-

-me do vosso poderoso amparo. Em vossas mãos não há nó que não possa ser desfeito, nem algema que não possa ser quebrada.

Mãe querida, por vossa graça e pela força da vossa intercessão a vosso filho Jesus, meu Senhor e libertador, desatai todos os nós que amarram e oprimem a minha vida. E seja assim, para a glória de Deus!

Maria, desatadora de Nós, ouvi minha súplica e rogai por mim. Amém.

Nossa Senhora do Equilíbrio

(P. V. Insolera, sj)

No verão de 1967, um monge não conseguia se concentrar em sua meditação matutina por voltar-lhe sempre à mente, com insistência, a palavra "equilíbrio". No mesmo dia, enquanto arrumava o sótão, encontrou uma placa de bronze com o relevo de uma figura em oração e sob ela os dizeres

"Alma Aequilibrii Mater" (Santa Maria do Equilíbrio). Reproduzida em cores sobre tela pelo Irmão Armando Panniello, a imagem se encontra hoje na Abadia Cisterciense de Frattochie (Roma). O Papa Paulo VI, tendo recebido uma cópia, em setembro de 1968, exclamou: "Santa Maria do Equilíbrio! Ah! É dela que precisamos!".

Maria, Virgem Mãe de Deus e dos homens, nós vos pedimos o dom do equilíbrio cristão, tão necessário à Igreja e ao mundo de hoje.

Livrai-nos do mal e de nossas mesquinharias; salvai-nos da ousadia e do conformismo; mantém-nos longe dos mitos e das ilusões, do desânimo e do orgulho, da timidez e do excesso de autoconfiança, da ignorância e da presunção, do erro e da impiedade.

Dai-nos a tenacidade no esforço, a calma no fracasso, a coragem de recomeçar, a humildade no sucesso.

Abri nosso coração para a santidade.

Dai-nos a perfeição da simplicidade, um coração puro, o amor à verdade e ao essencial, a força de nos empenharmos sem buscar nossos interesses, a lealdade de reconhecer e respeitar nossos limites.

Concedei-nos a graça de saber acolher e viver a Palavra de Deus. Concedei-nos o dom da oração.

Abri nosso coração para Deus.

Nós vos pedimos o amor à Igreja, conforme o desejo do vosso Filho, para participar nela e com ela, em fraterna comunhão com todos os membros do povo de Deus para a salvação de nossos irmãos.

Infundi-nos compreensão e respeito, misericórdia e amor pelos homens.

Abri nosso coração para os outros.

Mantende-nos firmes no compromisso de viver e aumentar este equilíbrio, que é fé e esperança, sabedoria e retidão, espírito de iniciativa e prudência, receptividade e interioridade, dom total, amor.

Santa Maria, nós nos confiamos à vossa ternura. Amém!

Nossa Senhora de Fátima

(13 de maio)

Trata-se de devoção muito cara aos brasileiros. Durante seis meses, a partir do dia 13 de maio de 1917, Nossa Senhora apareceu, em Fátima, aos pastorinhos portugueses, Lúcia, de 10 anos, Francisco, de 9, e Jacinta, de 7. Sua mensagem era que todos rezassem o terço diariamente pela paz do mundo e o fim da guerra (Primeira Guerra Mundial). Em 1946, perante uma multidão de 800 mil pessoas, Nossa Senhora foi coroada solenemente em Fátima.

Santíssima Virgem, nos montes de Fátima vos dignastes revelar a três pastorinhos os tesouros de graças contidos na prática do vosso santo Rosário. Incuti profundamente em nós o apreço a essa devoção, a vós tão querida, a fim de que, meditando os mistérios da redenção, nos aproveitemos de seus preciosos frutos e alcancemos a graça......que vos pedimos, se for para melhor colaborarmos com a glória de Deus, que é a vida em abundância do ser humano. Amém. Pai-Nosso, Ave-Maria, Glória ao Pai.

Nossa Senhora de Guadalupe

(12 de dezembro)

Em 1523, Nossa Senhora apareceu em Guadalupe, México, a um índio asteca chamado Juan Diego, fazendo dele o mensageiro da sua vontade junto ao bispo Frei Juan Zumárraga. Em vão o pobre índio tentava convencer o bispo da vontade da Virgem de ter uma capela no local da aparição. O descrente bispo somente se convenceu quando viu as flores silvestres que o índio trazia na sua "tilma" se transformarem na estampa da Virgem.

Mãe do Céu Morena, Senhora da América Latina, de olhar e caridade tão divina, de cor igual à cor de tantas raças. Virgem tão serena, Senhora destes povos tão sofridos, Patrona dos pequenos e oprimidos, derramai sobre nós as vossas graças.

Derramai sobre os jovens vossa luz. Aos pobres vinde mostrar o vosso Jesus. Ao mundo inteiro trazei o vosso amor de Mãe. Ensinai quem tem tudo a partilhar, ensinai quem tem pouco a não cansar, e fazei o nosso povo caminhar em paz.

Derramai a esperança sobre nós, ensinai o povo a não calar a voz, despertai o coração de quem não acordou. Ensinai que a justiça é condição para se construir um mundo mais irmão. E fazei o nosso povo conhecer Jesus.

Nossa Senhora de Lourdes

(11 de fevereiro)

Entre os meses de fevereiro e junho de 1858, Nossa Senhora manifestou-se por 18 vezes a Bernadete Soubirous na gruta de Massabielle, nos arredores de Lourdes, França. Declarando-se ser a Imaculada Conceição, aquela que vem socorrer todos os que se encontram com o coração atribulado por sofrimentos físicos e morais. Em todas as aparições trouxe ao mundo um apelo de conversão mediante a oração e a penitência.

Ó Virgem puríssima, Nossa Senhora de Lourdes, que vos dignastes aparecer a Bernadete, no lugar solitário de uma gruta, para nos lembrar que é no sossego e recolhimento que Deus nos fala e nós falamos com ele. Ajudai-nos a encontrar o sossego e a paz da alma que nos ajudem a nos conservarmos sempre unidos a Deus. Nossa Senhora da gruta, dai-me a graça que vos peço e de quanto preciso (pedir a graça). Nossa Senhora de Lourdes, rogai por nós. Amém.

Nossa Senhora de Nazaré

(14 de setembro)

A tradição diz que a imagem de Nossa Senhora de Nazaré foi esculpida por S. José e entalhada por S. Lucas. Ante a fúria dos iconoclastas, um monge de Nazaré fugiu com ela para a África. Dali foi levada para a Espanha. Na invasão da Espanha pelos mouros, D. Rodrigo e o abade Romano esconderam a imagem, a qual, após 469 anos, foi encontrada por D. Fuas Roupinho num penhasco. Por ela tê-lo salvo da morte num abismo, D. Fuas mandou erguer uma ermida, dando origem ao Santuário de Nossa Senhora de Nazaré, em Portugal.

Ó Virgem Imaculada de Nazaré, fostes na terra criatura tão humilde ao ponto de dizer ao arcanjo Gabriel: "Eis aqui a escrava do Senhor!" Mas por Deus fostes exaltada e preferida entre todas as mulheres para exercer a sublime missão de Mãe do Verbo Encarnado.

Adoro e louvo o Altíssimo que Vos elevou a essa excelsa dignidade e Vos preservou da culpa original.

Quanto a mim, soberbo e carregado de pecados, sinto-me confundido e envergonhado perante Vós.

Entretanto, confiado na bondade e ternura do Vosso coração imaculado e maternal, peço-vos a força de imitar a Vossa humildade e participar da Vossa caridade, a fim de viver unido, pela graça, ao Vosso divino Filho Jesus, assim como vós vivestes no retiro de Nazaré. Para alcançar essa graça quero com imenso afeto e filial devoção saudar-vos como o arcanjo São Gabriel:

Ave, Maria, cheia de graça...

Nossa Senhora de Nazaré, rogai por nós. Amém.

Nossa Senhora da Penha

(1º de abril)

Por volta de 1434, Nossa Senhora apareceu em sonho ao monge Simão Vela no cume de uma serra. Já fazia cinco anos que o monge procurava localizar a serra do sonho, quando uma bela senhora com um filho no colo indicou-lhe a Penha de França, ao norte da Espanha. Simão Vela não só encontrou a imagem prefigurada no sonho, mas construiu uma pequena ermida, que daria origem ao grandioso santuário de Nossa Senhora da Penha.

Virgem Santíssima, Nossa Senhora da Penha, sois a Consoladora dos aflitos. Infundi em nossos corações o conforto e o alívio. Sois a nossa esperança. Em vós depositamos a nossa confiança, e esperamos da vossa bondade o lenitivo para as dores que nos acabrunham. Assisti-nos nas agruras desta vida, para que façamos delas semente para um mundo mais fraterno e mais humano. Enxugai-nos o pranto, para que percebamos nesses desafios a sabedoria da vontade divina, e possamos merecer as vossas bênçãos e as de Jesus, vosso divino Filho.

Nossa Senhora da Salete

(19 de setembro)

No dia 19 de setembro de 1846, Nossa Senhora apareceu aos pastorinhos Maximino e Melânia, na montanha de Salete, França. Vestida de camponesa, com os cotovelos apoiados sobre os joelhos e o rosto entre as mãos, desfeita em lágrimas, a Virgem de Salete disse aos videntes que já não aguentava segurar o braço de seu Filho vergado pelo pecado do mundo. Pediu oração e conversão da mente e do coração para Deus.

Lembrai-nos, ó Nossa Senhora da Salete, das lágrimas que derramastes no Calvário. Lembrai-vos também dos angustiosos cuidados que tendes por mim para livrar-me da justiça de Deus.

Depois de terdes demonstrado tanto amor por mim, não podeis abandonar-me. Animado por este pensamento consolador venho lançar-me a vossos pés, apesar de minhas infidelidades e ingratidões. Não rejeiteis a minha oração, ó Virgem reconciliadora, mas atendei-me e alcançai-me a graça de que tanto necessito.

Ajudai-me a amar Jesus sobre todas as coisas. Eu quero enxugar vossas lágrimas por meio de uma vida santa de dedicação àqueles que mais sofrem neste mundo. Sei que assim já começo desde agora a viver convosco e desfrutar a felicidade eterna do céu, pois o céu é poder amar para sempre. Amém.

Nossa Senhora das Vitórias

(2 de fevereiro)

Celebrada em Roma, desde 1620, com o título de S. Maria das Vitórias, esta festa relembrava as vitórias da Liga Católica sobre calvinistas e protestantes, especialmente na batalha de Monte Branco, próximo de Praga (18/11/1620). O carmelita descalço, Domingos de Jesus e Maria, que havia empunhado o estandarte da Virgem no campo de batalha, foi quem o depositou na igreja de S. Maria das Vitórias.

Ó minha Mãe amorosíssima, Senhora das Vitórias, eis-me aqui aos Vossos pés para implorar o Vosso patrocínio. Não ignoreis a graça que com tanta confiança Vos imploro. Atendei às minhas súplicas. Se qualquer mãe aqui na terra acode solícita ao filho, não o fareis também Vós, ó Maria? Deixareis que triste e desatendido de Vós se aparte o vosso filho?

Nem me objeteis, ó Senhora minha, que com as lágrimas que eu derramaria, obteria uma melhor recompensa na vida futura. Tão poderosa como sois, pela graça, bem podeis dispensar as angústias momentâneas do Vosso filho. Revelai-as, pois, sem prejuízo de minha salvação, excitando ao mesmo tempo em meu coração os sentimentos da mais piedosa gratidão e as chamas da mais ardente caridade, para que assim possa atingir a mais alta perfeição. Concedei-me, portanto, ó Mãe amorosíssima, a graça que Vos suplico. Amém.

Nossa Senhora Auxiliadora

(24 de maio)

A devoção a Nossa Senhora Auxiliadora remonta à vitória da armada cristã (7/10/1571), comandada por D. João da Áustria que, invocando o auxílio da Virgem, afastou o perigo maometano da Europa. Em agradecimento, Pio V incluiu na ladainha o título de Auxiliadora dos cristãos. A festa de Nossa Senhora Auxiliadora foi promulgada por Pio VII, em 1816, assim que foi libertado do cativeiro a ele imposto por Napoleão Bonaparte.

Santíssima e Imaculada Virgem Maria, nossa carinhosa Mãe e poderoso auxílio dos cristãos, nós nos consagramos inteiramente ao vosso doce amor e ao vosso santo serviço. Consagramo-vos o entendimento com os seus pensamentos, o coração com os seus afetos, o corpo com os seus sentidos e com todas as suas forças, e prometemos querer sempre trabalhar para dar a Deus uma grande alegria: a realização e felicidade de todas as pessoas. Acolhei-nos todos sob o vosso manto, ó Maria Auxiliadora. Ajudai-nos a recorrer a vós nas tentações, prontamente e com confiança. Fazei que a vossa lembrança tão boa, tão amável, tão cara, e a recordação do amor que tendes para com vossos devotos nos conforte e nos faça vencedores, por meio do amor evangélico, dos inimigos do Reino, a fim de podermos, já nesta terra, viver o céu. Amém.

Nossa Senhora da Boa Viagem

(15 de agosto)

A devoção a Nossa Senhora da Boa Viagem remonta ao tempo dos grandes navega-

dores portugueses, os quais colocavam sob a proteção de Maria sua tripulação e suas caravelas. Em 1618, os navegantes portugueses construíram em Lisboa a Igreja de Nossa Senhora da Boa Viagem como garantia de proteção nas difíceis travessias marítimas. Nossa Senhora da Boa Viagem é representada com o Menino Jesus no braço esquerdo, tendo na mão direita uma nau.

Virgem Santíssima, Senhora da Boa Viagem, esperança infalível dos que sabem ser os queridos filhos de Deus e por isso aderiram à Santa Igreja. Sois guia e eficaz auxílio dos que transpomos a vida por entre perigos do corpo e do espírito.

Refugiando-nos sob o vosso olhar materno, empreendemos nossas viagens certos do êxito que obtivestes quando vos encaminhastes para visitar vossa prima Santa Isabel.

Em ascensão crescente na prática de todas as virtudes transcorreu a vossa vida, até o ditoso momento de experimentardes a gloriosa dimensão celeste. Nós vos suplicamos, pois, ó

Mãe querida: velai por nós, pequeninos filhos vossos, alcançando-nos a graça de seguir vossos passos, assistidos por Jesus e José, na peregrinação desta vida e na hora de nossa entrada plena na eternidade. Amém.

Nossa Senhora do Bom Conselho

(26 de abril)

Sisto III (432-440) erigira em Genazzano, perto de Roma, uma capela dedicada à Virgem do Bom Conselho, aos apóstolos e à Igreja. Em 1467, a capela foi restaurada por força de um fato miraculoso: contam que um afresco representando a Virgem foi arrebatado de uma igreja da Albânia e levado por anjos para Genazzano. Daí sua representação com o Menino Jesus no braço esquerdo, de pé sobre uma nuvem carregada por anjos.

Ó Virgem gloriosa, escolhida gratuitamente para Mãe do Verbo eterno feito homem, tesoureira das graças divinas e advogada dos pecadores!

Eu, vosso indigno servo, recorro a vós para que me sejais guia e conselheira neste mundo fraterno a ser construído. Mostrai-me, pelo preciosíssimo testemunho de sangue de vosso Filho, o caminho do perdão de meus pecados, a salvação de meu ser e os meios necessários para obtê-la. Alcançai também para a santa Igreja a propagação do reino de Jesus Cristo em todo o mundo. Amém.

Nossa Senhora do Bom Parto

(18 de dezembro)

A devoção a Nossa Senhora do Bom Parto confunde-se com a de Nossa Senhora do Ó, ou Senhora da Expectação. A festa do dia 18 de dezembro foi estabelecida por S. Ildefonso, bispo de Toledo, Espanha, para celebrar a alegria com que Maria aguar-

dava o nascimento de seu filho Jesus. Aparece grávida, com um manto cobrindo a túnica, os cabelos longos caindo sobre os ombros e os braços cruzados sobre a cintura.

Ó Maria Santíssima, vós, por uma escolha gratuita do Pai, fostes agraciada com a maternidade divina, vivendo desde então com incomparável alegria os "incômodos" da maternidade, no tempo da gravidez e no parto. Compreendeis perfeitamente, portanto, as angústias e aflições das pobres mães que esperam um filho, especialmente nas incertezas do sucesso ou insucesso do parto, olhai para mim, vossa serva, que na aproximação do parto, sofro angústias e incertezas. Dai-me a graça de ter um parto feliz.

Fazei que meu bebê nasça com saúde, forte e perfeito. Eu vos prometo orientar meu filho sempre pelo caminho certo, o caminho que o vosso Filho Jesus traçou para todos os seres humanos, o caminho do bem.

Virgem, Mãe do menino Jesus, agora me sinto mais calma e mais tranquila porque já sinto a vossa maternal proteção.

Nossa Senhora do Bom Parto, rogai por mim!

Nossa Senhora da Cabeça

(12 de agosto)

Em 1227, Nossa Senhora apareceu numa gruta do Pico da Cabeça, na Serra Morena, Espanha, a um pastor maneta de nome João Riuas. A vontade da Virgem era ser venerada ali num santuário. Como prova da veracidade de sua mensagem, restituiu-lhe o braço perdido. É venerada no Brasil desde a fundação do Rio de Janeiro. É representada com uma cabeça nas mãos, ex-voto de um condenado à morte salvo por ela no momento fatal.

Salve, Imaculada, Rainha da Glória, Virgem Santíssima da Cabeça, em cujo admirável título fundam-se nossas esperanças, por serdes Rainha e Senhora de todas as criaturas.

Refúgio dos pecadores, rogai por nós.

Esta jaculatória, repetida milhares de vezes em todo o universo, sobe ao trono de glória em que estais sentada e volta à terra, trazendo aos pobres pecadores torrentes de luzes e de graças.

Socorrei-me, pois, ó dulcíssima Senhora da Cabeça. Eu vos suplico com filial confiança, uma vez que também sentistes uma profunda dor ao ver vosso Divino Filho com a cabeça coroada de espinhos. Peço que me livreis, e a todos os meus, de qualquer enfermidade da cabeça.

Rogo-vos, também, ó Virgem poderosíssima da Cabeça, que intercedais junto ao Bom Jesus, vosso dileto Filho, pelos que sofrem destes males, a fim de que, completamente curados, glorifiquem a Deus e exaltem vossa maternal bondade.

Pai-Nosso, Ave-Maria, Glória e Salve Rainha. Nossa Senhora da Cabeça, rogai por nós.

Nossa Senhora da Consolação

(4 de setembro)

A devoção a Nossa Senhora da Consolação é antiga, reportando-se aos tempos dos apóstolos em que Maria se torna a verdadeira mãe dos discípulos. Mas é sobretudo aos padres agostinianos que se deve a propagação dessa devoção, pois, segundo consta, a conversão de S. Agostinho foi uma graça que S. Mônica alcançou da Mãe da Consolação. E o próprio S. Agostinho a tomou como protetora da sua obra religiosa.

Nossa Senhora Consoladora, Mãe de Jesus e Mãe da Igreja. Mãe de todos os seres humanos, dai-me fé para seguir sempre Jesus Cristo, vosso Filho.

Quero, como vós fizestes, estar sempre perto de Jesus, em todos os momentos da vida.

Mãe de Cristo, minha Mãe! Ajudai-me em minhas lutas, ajudai-me em meus trabalhos, ajudai-me a ser consciente de minha missão de cristão.

Que a graça de Deus esteja sempre em mim e que eu possa comunicar essa mesma graça aos meus irmãos. Virgem Maria, eu vos saúdo, ó cheia de graça, eu vos louvo por serdes a Mãe de Cristo e nossa Mãe. Ave, Maria, cheia de graça!

Nossa Senhora do Desterro

(2 de abril)

O título Nossa Senhora do Desterro refere-se à passagem de Mt 2,1ss, em que se narra a fuga da Sagrada Família para o Egito, a fim de salvar o Menino Jesus das mãos de Herodes. Sua devoção foi trazida para o Brasil pelos primeiros colonos portugueses, que aqui edificaram as primeiras igre-

jas a ela dedicadas. É representada com S. José, que conduz o burrinho em que ela está montada com o menino Jesus no colo.

De Belém ao Egito, com o menino recém-nascido escondido e apertado ao peito, por terras desérticas e desconhecidas, triste e silenciosa, seguindo os passos firmes de José... Eis a Mãe do Filho de Deus a caminho do desterro.

Nossa Senhora do Desterro, olhai para nós, vossos filhos, apreensivos e inseguros, nesta terra tão desafiadora, construtores da Pátria definitiva.

Depois deste desterro, ó Mãe carinhosa, mostrai-nos Jesus, bendito fruto do vosso ventre, ó clemente, ó piedosa, ó doce sempre Virgem Maria.

Nossa Senhora do Desterro, acompanhai-nos na travessia dos desafiadores desertos que há na vida, para que saibamos desfrutar desde já dos verdadeiros oásis que nos reanimam até o Oásis eterno: o Reino de Deus que todos estamos ajudando a construir aqui na terra. Amém.

Nossa Senhora das Dores

(15 de setembro)

Bento XIII (1724-1730) foi quem promulgou a festa de Nossa Senhora das Dores, também conhecida como Nossa Senhora da Piedade ou A compaixão de Nossa Senhora. Esta devoção liga-se à antiga tradição católica que fala do sofrido encontro de Maria com Jesus, condenado à morte (cf. Lc 2,33ss; 23,50ss; Mt 2,13ss; Jo 19,12ss). Vergada pela dor, Maria acompanhou seu Filho Jesus, permanecendo junto dele até o derradeiro momento.

Minha Mãe dolorosíssima, não vos quero deixar sozinha a chorar, mas quero vos acompanhar também com as minhas lágrimas. Esta graça vos peço hoje: alcançai-me uma compreensão sempre maior da paixão de Jesus e vossa, para que em todos os dias de minha vida eu possa ser solidário com as pessoas que sofrem, vendo nelas vossas dores e as do meu Redentor. Elas me alcançarão o perdão, a perseverança, o céu, onde espero cantar a misericórdia infinita do Pai por toda a eternidade. Amém.

Nossa Senhora das Graças

(27 de novembro)

No dia 27 de novembro de 1830, Nossa Senhora manifestou-se a S. Catarina Labouré e confiou-lhe a Imagem Milagrosa, com a promessa de favorecer seus filhos com numerosas graças. No corpo da Medalha está a síntese da mensagem mariana: "Ó Maria concebida sem pecado, rogai por nós que recorremos a vós". Ilustrando a frase, o S. Coração de Jesus cercado por uma coroa de espinhos e o de Maria atravessado por uma lança.

Eu vos saúdo, ó Maria, cheia de graça! Das vossas mãos voltadas para o mundo, as graças chovem sobre nós. Nossa Senhora das Graças, vós sabeis quais as graças que são mais necessárias para nós; mas eu gostaria, de maneira especial, que me concedêsseis esta que vos peço com todo o fervor de minha alma: (pedir a graça). O Pai é todo poderoso e vós sois a Mãe de seu Filho. Por isso, Nossa Senhora das Graças, confio e espero alcançar o que vos peço. Amém.

Nossa Senhora da Glória

(15 de agosto)

Embora sejam representadas de maneiras diferentes, trata-se da mesma festa litúrgica em que a Igreja celebra a glorificação de Maria, assunta ao Céu, coroada como Rainha da Glória. Por isso é representada trazendo uma coroa na cabeça, um cetro na mão e nos braços o Menino Jesus. Sua devoção chegou até nós pelos colonos portugueses, que em 1503, constru í-

ram em Porto Seguro a primeira igreja a ela dedicada.

Virgem Imaculada, Mãe de Deus e de todos nós, cremos firmemente na vossa assunção triunfal em espírito e corpo ao Céu, onde fostes aclamada Rainha dos Anjos e dos Santos. Nós nos unimos a eles para louvar e bendizer ao Senhor, que vos exaltou sobre todas as criaturas. E nós, pobres pecadores, vos pedimos que purifiqueis os nossos sentimentos, para que aprendamos desde agora a perceber Deus no encanto das criaturas.

Nós temos a certeza de que vossos olhos que choravam sobre esta terra, regada pelo sangue de Jesus, se volvem ainda para este mundo cheio de guerras, perseguições, opressão aos justos e aos fracos. Esperamos que vossa luz celeste alivie os sofrimentos de nossos corações, as provações da Igreja e de nossa Pátria.

Nós cremos, ó Maria, que na glória onde vós reinais, vós sois, depois de Jesus, a alegria dos anjos e dos santos. Confortados pela fé na futura ressurreição, olhamos para vós, nossa vida e nossa esperança. Mostrai-nos, um dia, o fruto bendito de vosso ventre, ó clemente, ó piedosa, ó doce Virgem Maria. Amém.

Nossa Senhora da Imaculada Conceição

(8 de dezembro)

A devoção a Nossa Senhora da Imaculada Conceição remonta ao século VIII, no Oriente, e no Ocidente ao século IX, mas foi só em 1854 que o papa Pio IX proclamou o dogma da Imaculada Conceição. Nossa Senhora da Conceição é cultuada no mundo inteiro, especialmente em Portugal (Nossa Senhora do Monte Sameiro, Fátima) e no Brasil (Santuário de Nossa Senhora da Conceição Aparecida).

Santa Maria, Rainha dos céus, Mãe de nosso Senhor Jesus Cristo, Senhora do mundo, a nenhum pecador desamparais nem desprezais. Olhai-me com piedade e alcançai-me de vosso amado Filho o perdão de todos os meus pecados, bem como a mais autêntica alegria pela vida, para que eu, que agora venero com devoção vossa santa e imaculada Conceição, possa saborear desde já as bem-aventuranças por mercê de vosso bendito Filho Jesus Cristo, nosso Senhor, que com o Pai e o Espírito Santo vive e reina para sempre. Amém.

Nossa Senhora dos Impossíveis

(18 de janeiro)

Ó Santa Mãe de Deus e também nossa Mãe, nós vos veneramos com o sugestivo título de Nossa Senhora dos Impossíveis, porque sois Mãe de Deus, Virgem e Mãe – Imaculada Conceição; privilégios estes que não foram concedidos a nenhuma outra criatura; mas somente a vós.

Ó Virgem bendita e bondosa, Mãe de Deus e nossa Mãe, humildemente vos pedimos: socorrei os que passam fome e vivem na miséria, curai os doentes de corpo e de espírito, fortalecei os fracos, consolai os aflitos, e pedi pelas vocações presbiterais e religiosas e transformai as famílias em santuários vivos de fé e caridade, no seio da Igreja.

Pedi pelo papa, pelos bispos e por todas as autoridades civis, militares e eclesiásticas, para que governem com justiça e amor.

E agora, ó Senhora dos Impossíveis, olhai para nós que fazemos esta novena e alcançai-nos de Jesus, vosso divino Filho, as graças que agora suplicamos (aqui se pedem as graças desejadas).

(Pai-Nosso, Ave-Maria, Glória ao Pai). Maria, Mãe de Deus, rogai por nós. Maria, Virgem e Mãe, rogai por nós. Maria, concebida sem pecado, rogai por nós. Maria, Nossa Senhora dos Impossíveis, rogai por nós.

Nossa Senhora Medianeira

(31 de maio)

Desde os primeiros séculos, Maria foi para a Igreja a "cheia de graça" (Lc 1,28), aquela que, em Cristo, foi cumulada por Deus com toda sorte de bênçãos espirituais (cf. Ef 1,3). No Concílio de Éfeso (431), a Virgem Maria foi proclamada Mãe de Deus, unindo sua figura à obra libertadora de Jesus. É medianeira porque é por ela que chegamos a Jesus e por ela que alcançamos de Deus graça sobre graça.

Senhor Jesus Cristo, Medianeiro nosso junto ao Pai, que vos dignastes constituir a vossa Mãe, a Santíssima Virgem Maria, também nossa Mãe e Medianeira junto a vós, concedei benigno que, todo aquele que suplicante a vós se dirigir, alegre-se de ter alcançado por meio dela tudo o que pediu.

Vós que viveis e reinais por todos os séculos. Amém.

Nossa Senhora dos Navegantes

(2 de fevereiro)

A devoção a Nossa Senhora dos Navegantes remonta à Idade Média. Os cruzados que se dirigiam à Palestina através do Mediterrâneo invocavam a proteção de Maria, Estrela do mar. Na época dos descobrimentos, antes de partirem para os mundos desconhecidos, portugueses e espanhóis invocavam o patrocínio de Nossa Senhora dos Navegantes. A devoção propagou-se entre os pescadores, fazendo surgir numerosos santuários nas regiões pesqueiras.

Ó Nossa Senhora dos Navegantes, Santíssima Filha de Deus, criador do céu, da terra, dos rios, lagos e mares; protegei-me em todas as minhas viagens.

Que ventos, tempestades, borrascas, raios e ressacas não perturbem a minha embarcação e que nenhuma criatura nem incidentes imprevistos causem alteração e atraso à minha viagem ou me desviem da rota traçada.

Virgem Maria, Senhora dos Navegantes, minha vida é a travessia de um mar furioso. As tentações, os fracassos e as desilusões são ondas impetuosas que ameaçam afundar minha frágil embarcação no abismo do desânimo e do desespero.

Nossa Senhora dos Navegantes, nas horas de perigo eu penso em vós e o medo desaparece; o ânimo e a disposição de lutar e de vencer tornam a me fortalecer. Com a vossa proteção e a bênção de vosso Filho, a embarcação da minha vida há de ancorar segura e tranquila no porto da eternidade. Nossa Senhora dos Navegantes, rogai por nós.

Nossa Senhora da Paz

(9 de julho)

A festa de Nossa Senhora da Paz foi instituída em Toledo (séc. XI) em comemoração da retomada aos mouros da Basílica de Nossa Senhora, palco das visões de S. Ildefonso. Numa noite, o bispo D. Bernardo e a rainha Constança, na ausência do rei, planejaram a tomada da Basílica, transformada em mesquita. Vendo o povo nas ruas invocando a Virgem, os próprios mouros pediram clemência ao rei, ao bispo e à rainha, o que lhes foi concedido.

Ó Maria, doce Mãe de Jesus Cristo, Príncipe da Paz, eis a vossos pés vossos filhos, tristes, perturbados e cheios de confusão, pois, por causa de nossos pecados, afastou-se de nós a paz. Intercedei por nós para que gozemos a paz com Deus e com nosso próximo, por vosso Filho Jesus Cristo. Ninguém pode dá-la senão esse vosso Filho, que recebemos das vossas mãos. Quando nasceu de vossas entranhas em Belém, os anjos nos anunciaram a paz, e quando ele abandonou o mundo no-la prometeu e deixou-a como sua herança.

Vós, ó Bendita, trazeis sobre os vossos braços o Príncipe da Paz, mostrai-nos esse Jesus e deitai-o em nosso coração! Ó Rainha da Paz, estabelecei entre nós o vosso reino e reinai com vosso Filho no meio de vosso povo que, cheio de confiança, se recomenda à vossa proteção. Afastai para longe de nós os sentimentos de amor próprio; expulsai de nós o espírito de inveja, de maledicência, de ambição e de discórdia!

Fazei-nos humildes no bem-estar, fortes no sofrimento, pacientes e caridosos, firmes e confiantes colaboradores da divina Providência! Com o Menino nos braços abençoai-nos, dirigindo nossos passos no caminho da paz, da união e da mútua caridade, para que, formando aqui a vossa família, possamos bendizer-vos e a vosso divino Filho por toda a eternidade. Amém.

Nossa Senhora do Perpétuo Socorro

(27 de junho)

Trata-se de uma pintura do século XIII, de estilo bizantino, trazida de Creta, Gré-

cia, para Roma e venerada de 1499 a 1812, na igreja de S. Mateus in Merulana. Mais tarde, em 1866, os padres redentoristas obtiveram de Pio IX a custódia do quadro, depositando-o na Igreja de S. Afonso em Roma, tornando-se dessa maneira os maiores divulgadores daquela que é a "Senhora da morte e a Rainha da vida, o Auxílio dos cristãos..."

Lembrai-vos, ó piíssima Virgem Maria, que nunca se ouviu dizer que algum daqueles que têm recorrido à vossa proteção, implorado o vosso auxílio e reclamado vosso socorro, fosse por vós desamparado. Animado eu, pois, com igual confiança, a vós, Virgem das virgens, como a Mãe recorro; e gemendo sob o peso de meus pecados, me prostro a vossos pés. Não desprezeis as minhas súplicas, ó Mãe do Verbo encarnado, mas dignai-vos de as ouvir propícia e de me alcançar o que vos rogo. Amém.

Nossa Senhora da Piedade

(15 de setembro)

Nossa Senhora da Piedade traz o Filho Jesus morto nos braços. A tradição (séc. XII) diz que um lavrador português, seguindo um boi desgarrado, encontrou-o ajoelhado debaixo de uma árvore, olhando para o tronco onde se achava uma imagem de Nossa Senhora da Piedade. Sua devoção chegou ao Brasil, especialmente em Minas Gerais, pelos desbravadores portugueses. O primeiro santuário foi certamente o de Barbacena, construído em 1748.

Prostrado aos vossos pés, ó grande Rainha dos céus, vos venero e confesso que sois filha do divino Pai, Mãe do Verbo divino e Esposa do Espírito Santo. Sois cheia de graça, de virtude e de dons celestes, sois templo puríssimo da Santíssima Trindade. Sois a tesoureira e dispenseira de suas misericórdias. Sendo vosso puríssimo coração cheio de caridade, de doçura e de ternura para conosco, pecadores, vos chamamos mãe da divina Piedade.

Por isso, com grande confiança me apresento a vós, mãe amorosíssima, aflito e angustiado, e vos peço fazer-me experimentar a caridade com que me amastes, concedendo-me a graça (...) se for conforme à divina vontade e para meu proveito. Volvei, vos suplico, os vossos puríssimos olhos a mim e a todos os meus semelhantes. Recordai-vos, terníssima mãe, que somos vossos filhos, redimidos pelo preciosíssimo testemunho de sangue do vosso Unigênito. Dignai-vos rogar incessantemente à Santíssima Trindade, a fim de que nos conceda as graças com as quais os justos se santificam e os pecadores se convertem. Obtende-nos, Mãe amorosíssima, esta graça pela infinita bondade de Deus, pelos méritos de vosso santíssimo Filho, pela solicitude com que o servistes, pelo amor com que o amastes, pelas lágrimas que derramastes e pela dor que sofrestes em sua paixão. Alcançai-nos o grande dom: que todo o mundo forme um só povo de um só Reino, que dê glória, honra e agradecimento à Santíssima Trindade por vós que sois a nossa medianeira. Esta graça nos conceda o poder do Pai, a sabedoria do Filho e a virtude do Espírito Santo. Amém.

Nossa Senhora dos Remédios

(8 de setembro)

A devoção a Nossa Senhora dos Remédios, muito popular em Portugal e Espanha, chegou até as Américas por meio dos colonizadores, que construíram os primeiros santuários a ela dedicados: México (1575) e Brasil: Parati (1646), Fernando de Noronha (1737) e São Paulo (séc. XVIII). É representada de pé, com o Menino Jesus nu, sentado no braço esquerdo, e a mão direita estendida em socorro de seus devotos.

Ó Deus, concedei-nos, pela intercessão de Nossa Senhora dos Remédios, o alívio em todas as enfermidades, a força em nossas fraquezas para que, servindo-vos sãos de corpo e de espírito, possamos chegar à eterna bem-aventurança. Pelo mesmo Cristo nosso Senhor. Amém.

Nossa Senhora do Rosário

(7 de outubro)

A festa de Nossa Senhora do Rosário tem origem na vitória do exército católico sobre o turco na batalha de Lepanto (7/10/1571). Essa vitória foi atribuída à intervenção de Nossa Senhora, invocada mediante a reza do rosário. Os dominicanos contribuíram muito para que a festa do santo rosário, inicialmente restrita a seus mosteiros dali saísse e se espalhasse por toda a Igreja, até ser fixada por Pio X, em 1913, no dia 7 de outubro.

Nossa Senhora do Rosário, obtende a todos os cristãos a graça de compreender a grandiosidade da devoção do santo rosário, no qual, à recitação da Ave-Maria, se junta a profunda meditação dos santos mistérios da vida, morte e ressurreição de Jesus, vosso Filho e nosso Redentor.

S. Domingos, apóstolo do rosário, acompanhai-nos com Maria na recitação do terço, para que, por meio dessa devoção cheguemo-nos ao mistério amoroso de Jesus, e Nossa Senhora do Rosário nos leve à vitória em todas as lutas da vida; por seu Filho, Jesus Cristo, na unidade do Pai e do Espírito Santo. Amém.

Nossa Senhora do Sagrado Coração

O grande propagador da devoção a Nossa Senhora do Sagrado Coração foi Pe. Júlio Chevalier, que junto com Madre Luísa Hartzer fundou a Congregação das Filhas do Sagrado Coração. No Brasil, essa devoção é muito antiga, sobretudo em Pernambuco (1710) e no

Espírito Santo, com a fundação do primeiro santuário dedicado ao Sagrado Coração de Jesus, por José de Anchieta, o qual atribuiu semelhante título também à Mãe de Deus.

Lembrai-vos, ó Nossa Senhora do Sagrado Coração, do poder inefável que o vosso divino Filho vos concedeu sobre o seu Coração adorável. Com a maior confiança em vossos merecimentos, nós vimos implorar a vossa proteção. Ó Celeste participante do Coração de Jesus, daquele coração que é o manancial inexaurível de todas as graças, e que podeis abrir com frequência para fazer descer sobre as pessoas todos os tesouros de amor e misericórdia, de luz e salvação, que ele encerra.

Nossa Senhora da Saúde

(15 de agosto)

A devoção a Nossa Senhora da Saúde remonta à IV Cruzada (1202). Henrique Dan-

dolo, capitão da frota veneziana, enviou de Constantinopla para Veneza a imagem da Virgem que os seguira pelos campos de batalha, a qual foi colocada na Igreja de S. Marcos. Em 1630, quando os esforços contra o flagelo da peste se faziam inúteis, o povo de Veneza suplicou à Virgem e o flagelo foi debelado. Então uma igreja foi erigida e dedicada a "Santa Maria da Saúde".

Virgem puríssima, que sois a Saúde dos enfermos, o Refúgio dos pecadores, a Consoladora dos aflitos e a dispenseira de todas as graças, na minha fraqueza e no meu desânimo apelo, hoje, para os tesouros da vossa misericórdia e bondade e atrevo-me a chamar-vos pelo doce nome de Mãe.

Sim, ó Mãe, atendei-me em minha enfermidade, dai-me a saúde do corpo para que possa cumprir os meus deveres com ânimo e alegria, e com a mesma disposição sirva a vosso Filho Jesus e agradeça a vós, Saúde dos enfermos. Nossa Senhora da Saúde, rogai por nós. Amém.

Nossa Senhora
da Boa Morte

Contam que, sabendo pelo anjo Gabriel que sua hora havia chegado, Nossa Senhora consolou os apóstolos e "dormiu" em Deus. Ora, como S. Tomé estivesse ausente quando Maria foi sepultada, suplicou para vê-la pela última vez. Ao rolar a pedra, viram que o sepulcro estava vazio. Por isso, devido a sua santa morte, é invocada como a protetora dos agonizantes. Sua devoção foi trazida para o Brasil pelos primeiros colonos portugueses.

Ó refugio dos pecadores, ó Mãe dos agonizantes, não nos desampareis na hora da nossa morte, mas alcançai-nos o arrependimento dos nossos pecados e o perdão de todas as nossas faltas. A vossa proteção nos obtenha naquele extremo momento a digna recepção do Viático e da Unção dos Enfermos, a fim de que possamos apresentar-nos com confiança diante do nosso Redentor. Amparados por vós, cheguemos à bem-aventurança eterna onde convosco louvaremos para sempre o vosso Divino Filho.

Mãe de misericórdia, não desprezeis as nossas súplicas, mas ouvi-nos e atendei-nos. (Reza-se 3 Ave-Marias).

ORAÇÕES AOS ANJOS

A devoção aos Anjos sempre ocupou um lugar importante entre as devoções do povo cristão. A presença dos Anjos permeia o Antigo e o Novo Testamentos. São os mensageiros dos grandes acontecimentos da história da salvação. São eles que revelam a face de Deus na história humana, que assistem Jesus nos momentos decisivos de sua vida e assistem os homens em sua caminhada de fé, de provação e de busca da face de Deus.

S. Miguel, S. Gabriel e S. Rafael

S. Miguel é o defensor do Povo de Deus, sobretudo no tempo de angústia. É o padroeiro da Igreja universal. É aquele que acompanha as almas dos mortos até o Céu. S. Gabriel é o que anuncia o nascimento do Precursor e do próprio Jesus (cf. Lc 1,11.26). S. Rafael é o companheiro de viagem do homem, seu guia e protetor na adversidade. É aquele que cura e expulsa os demônios. Foi o companheiro de viagem de Tobias (cf. Tb 5,1ss).

S. Miguel, glorioso príncipe do céu, protetor das almas, eu vos invoco, para que me livreis de toda adversidade e de todo pecado, e me façais perseverar no serviço de Deus, conseguindo-me dele a graça da perseverança final. Amém.

S. Gabriel, glorioso arcanjo, fortaleza de Deus, eu vos invoco, para que me alcanceis a graça de sair do mal pela prática do bem e dominar as minhas inclinações humanas para que sirvam ao amor ao longo da minha vida. Amém.

S. Rafael, medicina de Deus, afastai de nós as doenças do corpo e do espírito, trazei-nos a saúde e toda plenitude de vida prometida por Nosso Senhor Jesus Cristo. Amém.

Pai celeste, louvo a vossa infinita bondade, por ter-me confiado a um Anjo, a fim de me iluminar, conduzir e proteger. Meu Anjo da Guarda, eu vos agradeço, porque sois o meu companheiro de todos os dias, na caminhada para o Pai. Vós me incentivais para o bem, me defendeis dos perigos e intercedeis por mim junto ao Senhor.

Anjo de Deus, que sois a minha guarda, e a quem fui confiado por celestial piedade, iluminai-me, guardai-me, protegei-me. Amém.

S. Miguel Arcanjo, defendei-nos na luta.

Sede nossa força contra a malícia e as ciladas do inimigo.

Intercedei por nós ao Senhor para que o bem triunfe no mundo; e todos os seres humanos alcancem a salvação em Cristo. Amém.

Anjo de Deus

"Cada fiel é ladeado por um Anjo como protetor e pastor para conduzi-lo à vida" (S. Basílio). Na Bíblia não faltam referências à devoção aos Anjos, servidores e mensageiros de Deus junto aos homens (cf. Jó 38,7; Gn 19; 21,17; 22,11; Ex 23,20-23; Jz 13; Lc 11,23...). Desde a infância (cf. Mt 18,10) até a morte (cf. Lc 16,22), somos cercados pela proteção (cf. Sl 34,8; 91,10-13) e intercessão dos Anjos (cf. Jó 33,23-24; Zc 1,12; Tb 12,12).

Anjo de Deus... Anjos do Senhor, fostes todos chamados a louvar, adorar e amar a Santíssima Trindade. Cantais continuamente:

"Glória a Deus no mais alto dos céus e paz na terra aos seres humanos por ele amados".

Intercedei ao Senhor por toda a humanidade. Que todos conheçam o único e verdadeiro Deus, o Filho que ele enviou e a Igreja, mensageira da Verdade.

Que o nome de Deus seja glorificado, o reino de Cristo, aceito por todos, e a vontade do Senhor, realizada nesta terra, como se realiza no céu.

Protegei os que governam as nações, os operários, os que sofrem.

Obtende de Deus bênçãos e salvação para todos os que lutam pela verdade, pela justiça e pela paz.

Anjo de Deus...

Santo Anjo do Senhor, meu zeloso Guardador, já que a ti me confiou a piedade divina, sempre me rege, guarda, governa e ilumina. Amém.

DEVOÇÕES AOS SANTOS

A devoção aos santos vem de uma antiga tradição na Igreja. Como nos primeiros tempos do Cristianismo, os santos continuam hoje sendo venerados e invocados nos momentos de provação e de alegria. Os santos emprestaram seus nomes a pessoas e a localidades. Mais do que isso, nos revelam uma realidade ainda mais profunda: em Deus, intercedem por nós, tornando-nos participantes da "comunhão dos santos" (Igreja triunfante).

S. Antão

(17 de janeiro)

S. Antão foi um monge egípcio que viveu por volta de 251-355. É chamado o pai dos monges, pois foi o pioneiro da vida monástica na Igreja. Depois de passar certo tempo com um grupo de ascetas, foi para o deserto e entregou-se à mais profunda contemplação. Ajuntaram-se a ele muitos discípulos, os quais, sob a sua orientação, viviam em pequenas comunidades. É invocado contra as tentações.

Ó Deus, permitistes que, mesmo na solidão de uma gruta, no deserto, S. Antão sofresse violentas tentações, mas lhe destes a força de vencê-las. Enviai-me, do céu, o vosso socorro, porque eu vivo num ambiente minado de tentações que me agridem: pelo rádio, televisão, novelas, cinemas, revistas, ideologias capitalistas, moralismo barato, propaganda consumista e más companhias.

S. Antão, ficai sempre ao meu lado. Vós que vencestes as piores tentações, me obtereis força nos desafios que se colocam na minha vida de cristão. Na hora em que minha coerência evangélica esmorecer, socorrei-me, S. Antão. Amém.

S. Antônio de Pádua

(13 de junho)

Natural de Lisboa, Portugal, S. Antônio (1195-1231) foi um frade franciscano famoso por suas pregações e milagres. Antes, porém, de ser pregador, foi um anônimo cozinheiro. O seu culto foi trazido para o Brasil pelos frades franciscanos que, em 1550, construíram, em Olinda, a primeira capela a ele dedicada, dando origem ao Convento de S. Antônio do Carmo. É o padroeiro de Portugal e considerado pela tradição um santo casamenteiro.

Glorioso S. Antônio, que tivestes a sublime dita de abraçar e afagar o Menino Jesus, alcançai-me deste mesmo Jesus a graça que vos peço e vos imploro do fundo do meu coração (pede-se a graça).

Vós que tendes sido tão bondoso para com os pecadores, não olheis para os pecados de quem vos implora, mas antes fazei valer o vosso grande prestígio junto a Deus para atender o meu insistente pedido. Amém. S. Antônio, rogai por nós (Pai-nosso, Ave-Maria, Glória ao Pai).

S. Bárbara

(2 de dezembro)

Conforme piedosa tradição do século VII, S. Bárbara sofreu o martírio no final do século IV, na Antioquia, sob o imperador Maximiano. Ao saber que mesmo confinada numa torre, a filha se tornara cristã, o pai não apenas a denunciou, mas proferiu a sentença de morte sobre ela. Igrejas e oratórios atestam a popularidade de seu culto milenar. É invocada contra raios, tempestades e a morte repentina.

S. Bárbara, sois mais forte que a violência dos furacões e o poder das fortalezas. Fazei que os raios não me atinjam, os trovões não me assustem. Ficai sempre comigo, para me dar forças. Conservai meu coração em paz.

Que em todas as lutas da vida, eu saiba vencer, sem humilhar ninguém.

Conservai serena a minha consciência. E que eu possa cumprir da melhor maneira os meus deveres.

S. Bárbara, minha protetora, ensinai-me a louvar a Deus no fundo do meu coração. Intercedei junto a ele, quando eu me encontrar em meio a tempestades. Ele que é o Criador e Senhor de toda a natureza.

Alcançai dele, para todos nós, a proteção nos perigos.

E alcançai, para todo o mundo, a paz, fazendo desaparecer todo o rancor e toda a guerra. S. Bárbara, rogai por nós e pela paz dos corações, das famílias, das comunidades, das nações e do mundo inteiro. Amém.

S. Benedito

(5 de outubro)

S. Benedito é conhecido também como o santo Mouro. Nasceu por volta de 1526 em São Filadelfo, perto de Messina. Filho de pais escravos alforriados vindos da África para Messina, deixou o ofício de pastor para se tornar eremita e depois frade menor. No convento de Santa Maria de Jesus, em Palermo, foi cozinheiro, superior do convento e mestre de noviços. Morreu em 4 de abril de 1589. É invocado contra o racismo e a superstição.

Glorioso S. Benedito, grande confessor da fé, com toda a confiança venho implorar a vossa valiosa proteção. Vós, a quem Deus enriqueceu com os dons celestes, impetrai-me as graças que ardentemente desejo, para a maior glória de Deus. Confortai o meu coração nos desalentos. Fortificai a minha vontade para cumprir bem os meus deveres. Vinde orientar-me nas horas decisivas da vida. Dai-me confiança nos desânimos e sofrimentos. Sede o meu companheiro nas horas de solidão e desconforto.

Assisti-me e guiai-me na vida e na hora da minha morte, para que eu possa bendizer a Deus neste mundo e gozá-lo na eternidade com Jesus Cristo, a quem tanto amastes. Amém.

S. Brás

(invocado contra doenças da garganta – 3 de fevereiro)

S. Brás foi um médico de Sebaste, Armênia, no fim do século III. Um dia tudo abandonou para levar uma vida inteiramente dedicada a Deus e à contemplação. Mesmo na solidão da gruta do monte Argeu, acorriam a ele numerosas pessoas em busca de alívio de suas aflições e doenças, especialmente os males da garganta. É o protetor contra as doenças de garganta, por ter salvo um menino engasgado com uma espinha de peixe.

Ó bem-aventurado S. Brás, que recebestes de Deus o poder de proteger as pessoas contra as doenças da garganta e outros males, afastai de mim a doença que me aflige, conservai minha garganta sã e perfeita para que eu possa falar corretamente e assim proclamar e cantar os louvores de Deus.

Eu vos prometo, S. Brás, que a fala que sair de minha garganta será sempre:

De verdade e não de mentira.

De justiça e não de calúnia.

De bondade e não de aspereza.

De compreensão e não de intransigência.

De perdão e não de condenação.

De desculpa e não de acusação.

De respeito e não de desacato.

De conciliação e não de intriga.

De calma e não de irritação.

De desapego e não de egoísmo.

De edificação e não de escândalo.

De ânimo e não de derrotismo.

De conformidade e não de lamúrias.

De amor e não de ódio.

De alegria e não de tristeza.

De fé e não de descrença.

De esperança e não de desespero.

S. Brás, conservai minha garganta livre das doenças a fim de que minhas palavras possam louvar a Deus, meu Criador, e agradecer a vós, meu protetor. Amém.

S. Camilo de Lellis

(14 de julho)

Camilo de Lellis (1550-1614) nasceu em Bucchianico de Cheieti, Itália, e morreu em

Roma. O vício do jogo levou-o várias vezes à ruína. Pedreiro na construção de um convento, quis fazer-se religioso, mas não foi aceito devido a uma doença nos pés. Para tratá-la, ficou 4 anos internado num hospital, servindo aos doentes. Nasciam ali os Camilianos, dedicados ao serviço desinteressado aos doentes. É o patrono dos enfermeiros e dos hospitais.

Ó Deus, que inspirastes a S. Camilo de Lellis extraordinária caridade para com os enfermos, dai-me o vosso espírito de amor para que saiba suportar, com paciência, os meus sofrimentos.

Por intermédio de S. Camilo socorrei-me em minha doença; aliviai as minhas dores. Ó meu santo protetor, intercedei junto a Jesus Cristo que tanto amastes, para que, neste momento de dor, não me faltem a força e a coragem de suportar a doença; fortalecei meu ânimo, para que, passando pelo sofrimento, me purifique dos meus pecados e também possa ajudar meus irmãos mais necessitados. Amém.

(Pai-Nosso, Ave-Maria e Glória ao Pai).

S. Caetano

(7 de agosto)

S. Caetano de Tiene (1480-1547) nasceu em Vicência, Itália. É o fundador dos padres teatinos. Partindo das bases populares, privilegiou o serviço aos pobres, inaugurando um estilo de vida religiosa mais sensível às mudanças dos tempos modernos. Certa vez disse: "Não temas. Mesmo que todos os santos e todo mundo te abandonem, ele, Jesus, estará sempre pronto para socorrer-te nas tuas necessidades".

Ó S. Caetano, Anjo protetor dos enfermos e moribundos, luz nas trevas do erro e das dúvidas na fé; vós que refutastes as heresias, purificai a minha fé dos erros das superstições; e já que os meus pecados me desviaram do caminho da inocência, ajudai-me a trilhar o caminho da penitência.

Afastai de mim as doenças, acompanhai-me nas minhas enfermidades, assisti-me na hora da minha morte para que eu possa partir tranquilamente deste mundo para junto de vós, e lá no céu possa desfrutar, para sempre, a alegria e a felicidade que Deus prometeu aos seus fiéis.

S. Caetano, rogai por nós. Amém.

S. Catarina de Alexandria

(invocada pelos estudantes – 25 de novembro)

Segundo a Tradição, o imperador Maximino Daia ficou fascinado pela beleza e inteligência da jovem Catarina. Diante da recusa de casamento, convocou 50 sábios para convencê-la de que Jesus não podia ser Deus. A santa não só rebateu cada argumento, mas

*converteu todos ao Cristianismo. Ao decepa-
rem sua cabeça, do pescoço brotou leite, sendo por isso invocada também pelas mães que
não conseguem amamentar seus filhos.*

S. Catarina de Alexandria, que tivestes uma
inteligência abençoada por Deus, abri a minha
inteligência, fazei entrar na minha cabeça as
matérias de aula, dai-me clareza e calma na hora
dos exames, para que eu possa ser aprovado.

Mas, sobretudo, iluminai-me o ânimo para
que não deixe para estudar somente às vésperas das provas. Quero adquirir o hábito do estudo e da leitura. Eu quero aprender sempre
mais, não por vaidade, nem só para agradar aos
meus familiares e professores, mas para ser útil
a mim mesmo, à minha família, à sociedade e
à minha pátria. S. Catarina de Alexandria, conto convosco. Contai também vós comigo. Eu
quero ser um bom cristão para merecer a vossa proteção. Amém. (Ao começar os exames: S.
Catarina, conto convosco.)

S. Clara

(invocada contra as provações – 11 de agosto)

S. Clara é a cofundadora das clarissas. Natural de Assis (1193-1253), aos 18 anos de idade fugiu de casa para se consagrar a Deus. A exemplo de Francisco de Assis, abandonou todos os seus bens para viver na pobreza e dedicação total aos pobres. Juntamente com sua irmã Inês e algumas companheiras, S. Clara instalou-se no Oratório de S. Damião, dando início às Clarissas, que hoje somam milhares espalhadas pelo mundo.

Pela intercessão de S. Clara, o Senhor todo-poderoso me abençoe e proteja; volte para mim os seus olhos misericordiosos, me dê a paz, a tranquilidade; derrame sobre mim as suas copiosas graças; e depois desta vida, me aceite no céu em companhia de S. Clara e de todos os santos.

Em nome do Pai, do Filho e do Espírito Santo. Amém.

S. Cosme e S. Damião

(padroeiros dos médicos e das crianças
– 26 de setembro)

Ao que tudo indica, S. Cosme e S. Damião eram irmãos gêmeos e médicos de profissão, que provavelmente foram martirizados durante a perseguição de Diocleciano (284-305). Inicialmente cultuados na Síria, seu culto alcançou Roma e depois todo o mundo católico. São chamados "Anargiros", que em grego significa "sem dinheiro", pois nada exigiam em troca de seus préstimos. Curavam não só as pessoas, mas também os animais.

S. Cosme e S. Damião, que por amor a Deus e ao próximo vos dedicastes à cura do corpo e da alma de vossos semelhantes, abençoai os médicos e farmacêuticos, medicai o meu corpo na doença e fortalecei meu espírito contra a superstição e todas as práticas do mal. Que vossa inocência e simplicidade acompanhem e protejam todas as nossas crianças. Que a alegria da consciência tranquila que sempre vos acompanhou repouse também em meu coração.

Que a vossa proteção, Cosme e Damião, conserve meu coração simples e sincero, para que sirvam também para mim as palavras de Jesus: "Deixai vir a mim os pequeninos, porque deles é o Reino do céu".

S. Cosme e S. Damião, rogai por nós.

S. Cristóvão

(25 de julho)

Era um homem forte e de porte gigante. Sentia-se invencível até que um Menino lhe pediu para ser levado à outra margem do rio. Mal conseguiu atravessar as águas, para descobrir que aquela Criança que lhe pesava aos ombros era o próprio Deus. Foi um dos santos mais venerados na Idade Média, como atestam as numerosas igrejas a ele dedicadas. É o patrono dos motoristas, dos atletas, das árvores e dos frutos.

Ó S. Cristóvão, diz a lenda que atravessastes a correnteza furiosa de um rio com toda a firmeza e segurança porque estáveis carregando nos ombros o Menino Jesus.

Fazei que Deus se sinta sempre bem em meu coração, porque então terei sempre firmeza e segurança no volante do meu carro e enfrentarei corajosamente todas as correntezas que tiver de enfrentar, venham elas das pessoas ou do espírito infernal. S. Cristóvão, rogai por nós.

S. Dimas

(invocado pelos presos, perseguidos
e contra o perigo de ladrões – 25 de março)

Os Evangelhos falam dos dois malfeitores crucificados com Jesus, um à direita e outra à esquerda. A tradição bíblica refere-se a Dimas como o "Bom Ladrão", opondo-o ao "Mau Ladrão". S. Dimas foi tocado pela morte injusta do inocente Jesus e, num ato de pro-

funda humildade, suplicou-lhe que lembrasse dele quando estivesse no Reino. Recebeu de Jesus a promessa de estar com ele no paraíso naquele mesmo dia (cf. Lc 23,39-43).

Glorioso S. Dimas, agonizastes junto à cruz do Salvador e junto de Maria, Mãe e refúgio dos pecadores. Fostes a primeira conquista de Jesus e de Maria no calvário. Fostes um santo canonizado pelo próprio Jesus Cristo, quando vos garantiu o Reino dos céus: "Hoje mesmo estarás comigo no paraíso".

Eis porque, hoje, prostrados aos vossos pés, a vós recorremos confiando na infinita misericórdia que vos santificou no Calvário nas chagas de Jesus crucificado, nas dores e nas lágrimas de Maria Santíssima. Em nossa grande aflição, humilhados pelos nossos grandes pecados, mas tudo esperando da vossa valiosa proteção, vos pedimos que intercedais por nós. Valei-nos, alcançando-nos as graças que ardentemente vos suplicamos!

S. Domingos

(8 de agosto)

S. Domingos (1170-1221) nasceu em Caleruega, Espanha. É o fundador dos Frades Dominicanos, com a primeira casa em Tolosa (1215). Os dominicanos inovaram a vida religiosa e a pastoral do século XIII, procurando estar presentes e atuantes num mundo em transformação. Em 1214, S. Domingos teve uma visão em que a Virgem lhe pedia a reza do rosário, fazendo dos dominicanos os principais propagadores dessa devoção.

Ó Deus, vos dignastes iluminar o mundo com as virtudes e a sabedoria de S. Domingos. O zelo deste santo levou muitos seres humanos a Jesus, e a sua devoção à Virgem do Rosário salvou muitas vidas. Fazei que pela intercessão de S. Domingos, muitos outros fachos de luz se acendam na Igreja para iluminar e aquecer o coração de todos as pessoas de boa vontade. S. Domingos, rogai por nós.

S. Edwiges

(invocada pelos pobres e endividados – 16 de outubro)

Natural da Bavária, Edwiges (1174-1243) foi mãe de 6 filhos, dos quais 5 morreram, enchendo sua vida de sofrimento. Quando o marido morreu, retirou-se para o convento onde sua filha Gertrudes era a abadessa. Levando vida austera, dedicou toda a sua existência aos desafortunados, aos desamparados, aos pobres e infelizes. Por isso é invocada pelos pobres e, especialmente, os endividados.

Vós, S. Edwiges, fostes na terra amparo dos pobres e desvalidos e socorro dos endividados, e no céu gozais o eterno prêmio da caridade que praticastes. Confiante vos peço: sede minha advogada para que eu obtenha a graça de (pede-se a graça) e por fim a graça suprema da salvação eterna. Amém.

(Pai-Nosso, Ave-Maria e Glória ao Pai).

S. Efigênia

(21 de setembro)

Segundo a tradição, Santa Efigênia era filha do rei da Etiópia, Eglipo, e da rainha Ifianassa. Sua família teria sido convertida pelo apóstolo Mateus. Com a morte do rei Eglipo, o príncipe reinante quis casar com Efigênia. Desejando consagrar-se inteiramente a Deus, ela não aceitou o pedido. Inconformado, o príncipe pediu a São Mateus que convencesse a princesa aceitar o seu pedido. O apóstolo recusou-se terminantemente a fazê-lo. O príncipe mandou executá-lo. Lembrada junto com São Mateus, por quem foi batizada, Santa Efigênia é protetora dos que buscam a paz no lar e a aquisição da casa própria.

Deus, nosso Pai, vós concedeis aos vossos santos a coragem, a fortaleza, a força para confessarem o vosso nome santo. Vosso desejo é que todo homem viva, pois vós sois o Deus da vida.

A exemplo de Santa Efigênia, concedei-nos a graça de testemunhar o vosso amor por nós nas coisas mais simples de nosso dia a dia, nos trabalhos mais rotineiros ou quando a nossa fé for provada pelas adversidades, pela dor e pelo sofrimento.

Cremos na vossa Palavra de que tudo é por vós conhecido, até mesmo a folha seca que cai e o fio de cabelo que se desprende de nossa cabeça.

Vós sois o Emanuel, o Deus conosco para sempre, o Ressuscitado que diz: Estou convosco para sempre, todos os dias até a consumação dos séculos! (Mt 28,20)

S. Expedito

(invocado para ajudar nos negócios e dificuldades da vida – 19 de abril)

Já no século VIII, S. Expedito era cultuado na Germânia e na Sicília em casos de urgência, em momentos de dificuldades prementes. Talvez a origem do costume de invocá-lo nas dificuldades financeiras e nos desvaneios da vida esteja no significado do próprio nome "expedito", que significa "diligente", "prestativo". Embora seu nome apareça em alguns calendários, não temos informações plausíveis sobre a sua vida.

Ó Deus, que a intercessão de S. Expedito nos recomende à vossa divina bondade, a fim de que, pelo seu auxílio, possamos obter aquilo que nossos fracos méritos não podem alcançar.

Nós vos pedimos, Senhor, que orienteis, com a vossa graça, todos os nossos pensamentos, palavras e ações, para que possamos com coragem, fidelidade e prontidão, em tempo próprio e favorável, levar a bom termo todos os nossos compromissos e alcançarmos a feliz conclusão dos nossos planos.

Por nosso Senhor Jesus Cristo. Amém.

S. Francisco de Assis

(4 de outubro)

Natural de Assis, Itália, S. Francisco (1182-1226) pertencia à burguesia local. Em 1206, deixa tudo e se entrega a uma vida de pobreza evangélica. Com alguns amigos iniciou o que seria a Ordem dos frades franciscanos. Com a ajuda de Clara, fundou a ordem das Clarissas e, em 1221, a Ordem Terceira. O Pobrezinho de Assis renovou a vida da Igreja e continua a fascinar o mundo, por ser uma criatura de paz e voltada ao amor à natureza.

Ó glorioso S. Francisco, nosso grande padroeiro, a vós recorremos atraídos pela doçura de vossa santidade. Protegei-nos e abençoai-nos. Vós que nos ensinastes a procurar neste mundo a perfeita alegria no amor de Deus e do próximo; vós que tanto amastes as pessoas e a natureza toda, porque proclama a glória e a sabedoria do Criador, fazei-nos servir a Deus na alegria, ajudar o próximo o melhor possível, amar até as mais fracas criaturinhas e, com os nossos bons exemplos e boas ações, espalhar em torno de nós os benefícios da fraternidade cristã. Amém.

S. Francisco de Paula

(2 de abril)

Francisco de Paula (1416-1508) foi um eremita que viveu em Paula, Itália. Filho de camponeses, ingressou no convento dos franciscanos. Dali saiu para fundar juntamente com alguns companheiros a ordem dos eremitas de S. Francisco, ou os Mínimos. Foi ele que acompanhou a Luís XI em seus últimos momentos de vida. É o patrono dos marinheiros, por ter um dia estendido seu manto e atravessado o estreito de Messina.

Ó glorioso S. Francisco de Paula, que tanto vos aprofundastes na humildade, único alicerce de todas as virtudes, alcançando por meio dela um grande prestígio junto de Deus, a tal ponto de jamais lhe terdes pedido graça alguma que prontamente não vos fosse concedida.

Aqui venho aos vossos pés para suplicar-vos que extingais do meu coração todo afeto de soberba e vaidade, e em seu lugar floresçam os preciosos frutos da humildade, para que possa ser verdadeiro devoto e imitador vosso e merecer o grande patrocínio que de vossa eficaz intercessão espero. Rogo me alcanceis de Deus a graça de que tanto necessito não sendo contra a vontade do Altíssimo.

(Pai-Nosso, Ave-Maria e Glória ao Pai).

S. Francisco Xavier

(3 de dezembro)

O espanhol Francisco Xavier (1506-1552) foi um dos primeiros colaboradores de Inácio de Loyola na obra de evangeliza-

ção. Jesuíta da primeira obra, em dez anos de evangelização fundou vários centros de missão no Oriente, sendo por isso chamado o Paulo do Oriente. Aos 46 anos de idade encontrava-se na ilha de San Chao preparando-se para retornar à Índia, quando caiu gravemente doente, vindo a falecer.

Amabilíssimo santo, todo cheio de caridade e zelo; convosco, respeitosamente, adoro a divina Majestade e, porque singularmente me comprazo no pensamento dos dons especiais da graça com que fostes enriquecido em vida e na glória de vossa morte, rendo por eles as mais fervorosas ações de graça e suplico-vos, com todo o meu coração, que me alcanceis (fazer o pedido) por vossa poderosa caridade invocando também o vosso bendito nome.

(Pai-Nosso, Ave-Maria e Glória ao Pai).

S. Geraldo Majela

(16 de outubro)

Natural de Muro, Itália, Geraldo Majela (1726-1755), era filho de alfaiate e desde cedo mostrou-se inclinado a enlevos místicos. Órfão de pai aos 12 anos de idade, tentou o ofício de alfaiate, mas tudo deixou para ingressar na Congregação do Santíssimo Redentor. Sofreu muitas incompreensões, mas a tudo superou pela sua inabalável confiança em Deus. Porteiro do convento, era chamado de "pai dos pobres".

S. Geraldo, Anjo da pureza, mártir da penitência, serafim de amor e de oração, terno filho de Maria Santíssima, admirável amante da cruz, adorador assíduo da eucaristia, perfeito imitador de Jesus obediente, peço-vos que nos comuniqueis essas divinas virtudes. Por vosso espírito de humildade e doçura, por vossa união completa com a adorável vontade de Deus, por vossa predileção para com os aflitos, pequenos e pobres, por vosso zelo insaciável, tornai o nosso coração semelhante ao vosso.

Irmão humilde, que em poucos anos vos tornastes tão grande santo, taumaturgo de vosso século, terror dos demônios, protetor milagroso das famílias cristãs, legítimo modelo da juventude, em vós colocamos a nossa confiança.

Rogai pela santa Igreja, por nossa pátria, por nossas famílias. Rogai por nós, para que todos, imitando as vossas virtudes neste mundo, possamos um dia convosco cantar eternamente a glória do Pai, do Filho e do Espírito Santo. Amém.

S. Inácio de Loyola

(31 de julho)

Inácio de Loyola (1491-1556) nasceu em Azpzitia, Espanha. Militar de profissão, caiu ferido em combate. Pensou então em tornar-se eremita e levar vida pe-

nitente. Fez filosofia e teologia em Alcalá, Salamanca e Paris. No dia 15 de agosto de 1534, juntamente com alguns companheiros, deu início à Companhia de Jesus. Os jesuítas exerceram forte influência religiosa e cultural no mundo inteiro, especialmente no Brasil.

Ó Deus que, por meio de S. Inácio, fizestes surgir na vossa Igreja um caminho de espiritualidade e serviço e que, ao longo da história, continuais chamando pessoas como nós para que possam contribuir para o anúncio e a construção do Reino, concedei, por intercessão de S. Inácio de Loyola, que cada um de nós escute e siga sempre o vosso apelo. Permiti que, juntos, possamos comprometer nossa vida, como membros de uma Igreja toda voltada para o anúncio e a construção do vosso Reino entre os seres humanos. Por nosso Senhor Jesus Cristo, vosso Filho, na unidade do Espírito Santo. Amém. (Pai-Nosso, Ave-Maria e Glória ao Pai).

S. Inês

(invocada pelas jovens – 21 de janeiro)

S. Inês foi uma menina martirizada em Roma, aos 12 anos, provavelmente na metade do século III. Apesar da extrema perversidade com que foi executada, ela resistiu a todas as torturas com firmeza de ânimo, dando na sua fragilidade um dos testemunhos de fé mais eloquentes da história do Cristianismo. O papa Dâmaso, S. Ambrósio e muitos outros Padres da Igreja falaram de Inês com grande veneração. É a protetora das moças.

Ó dulcíssimo Senhor Jesus Cristo, fonte de todas as virtudes, amigo das almas virginais, vencedor fortíssimo das ciladas dos poderosos, severíssimo extirpador de todos os vícios, lançai propício vosso olhar para a minha fraqueza, e pela intercessão de vossa Santíssima Mãe, a Virgem Maria e de S. Inês, concedei-me o auxílio da vossa divina graça. Fazei que eu saiba valorizar todas as coisas terrestres sem deixar de amar aquelas celestiais, resistir aos vícios e nunca consentir nas tentações, seguir constante a virtude, não buscar as honras, fugir aos prazeres, chorar os pecados cometidos, afastar-me das ocasiões de pecado, evitar as más companhias, tratar com os bons e perseverar no bem, para que, com o auxílio da vossa graça, mereça possuir a coroa da vida eterna com S. Inês e com todos os santos, por toda a eternidade, no vosso reino. Amém.

S. Isabel

(invocada pelas autoridades e pelos que têm cargos de responsabilidade – 4 de julho)

S. Isabel de Portugal (1270-1336), filha de D. Pedro III de Aragão, muito sofreu pelas infidelidades amorosas do marido, D. Dinis. Lutou com todas as forças para pôr fim às divisões internas e às desavenças entre pai e filho. Um dia, ela montou uma mula e foi à procura do filho e do pai no campo de batalha, para apaziguar os ânimos belicosos. Quando D. Dinis morreu, entrou para a Ordem Terceira, onde levou vida recolhida.

Ó Deus, que mostrastes, por meio da rainha S. Isabel, que em todos os ambientes e estados de vida pode haver o Espírito de cristianismo e santificação, fazei que o exemplo de ânimo pacificador humilde, generoso e caritativo, de S. Isabel, nos anime a enfrentar com coragem os desafios e encargos que assumimos.

Nós vos pedimos, Senhor, pela intercessão desta santa rainha, as graças de que tanto necessitamos (pedir as graças...), de modo particular a paz em nossos corações e em nossos lares.

Ó Deus, que sois tão admirável em vossos santos, compadecei-vos de nossas misérias: anime-se a nossa fraqueza, reformem-se nossos costumes e recebamos todos novo ânimo na devoção dessa grande serva vossa e preparem-

-se assim para nós os caminhos da eterna felicidade. Amém.

S. Jerônimo

(invocado para entender a Bíblia – 30 de setembro)

Natural da cidade de Estrido, Dalmácia, S. Jerônimo foi um renomado monge escritor, cuja vida foi inteiramente devotada aos estudos, à reflexão e à autodisciplina. Secretário particular do papa Dâmaso, foi o responsável pela versão dos textos originais da Bíblia para o latim, conhecida hoje como Vulgata. Depois da morte de Dâmaso, foi para a Terra Santa, deixando várias obras escritas. É chamado "Doutor máximo das Escrituras".

Ó Deus, criador do universo, que vos revelastes às pessoas, através dos séculos, pela Sagrada Escritura, e levastes o vosso servo S. Jerônimo a dedicar a sua vida ao estudo e à meditação da Bíblia, dai-me a graça de compreender com clareza a vossa palavra quando leio a Bíblia.

S. Jerônimo, ajudai-nos a considerar o ensinamento, que nos vem da Bíblia, acima de qualquer outra doutrina, já que é a palavra e o ensinamento do próprio Deus. Fazei que todas as pessoas descubram nas Sagradas Escrituras as profundas intuições humanas sobre que tipo de amor tem por nós nosso Pai comum.

S. Joana d'Arc

(30 de maio)

Natural de Domrému, França, Joana d'Arc (1412-1431) foi uma destemida jovem camponesa que, aos 17 anos de idade, pôs-se à frente de um pequeno exército e enfrentou os ingleses em Orléans. Traída por Carlos VII, que temia sua popularidade, caiu numa emboscada e foi vendida pelo conde de Luxemburgo aos ingleses. Foi queimada viva em Rouen, sob a acusação de "invocadora de diabos, herege e cismática".

Ó S. Joana d'Arc, vós que, cumprindo a vontade de Deus, de espada em punho, vos lançastes à luta, por Deus e pela Pátria, ajudai-me a perceber, no meu íntimo, as inspirações de Deus.

Com o auxílio da vossa espada, fazei recuar os meus inimigos que atentam contra a minha fé e contra as pessoas mais pobres e desvalidas que habitam nossa Pátria.

S. Joana d'Arc, ajudai-me a vencer as dificuldades no lar, no emprego, no estudo e na vida diária. Que nada me obrigue a recuar, quando estou com a razão e a verdade: nem opressões, nem ameaças, nem processos, nem mesmo a fogueira.

S. Joana d'Arc, iluminai-me, guiai-me, fortalecei-me, defendei-me. Amém.

S. João Batista

(invocado para pedir a conversão – 24 de junho)

S. João Batista era filho de Zacarias e de Isabel e parente de Jesus (cf. Lc 1,36; 3,3). Foi o precursor do Messias e por ele Jesus foi batizado no Jordão. É o único santo que mereceu da Igreja duas solenidades: uma para o nascimento e outra para o martírio (morte). O seu culto é celebrado desde os primeiros séculos do Cristianismo. No Brasil há o costume de celebrar seu nascimento com cantos e danças folclóricas, fogueiras e quermesses.

Glorioso S. João Batista, que fostes santificado no seio materno, ao ouvir vossa mãe a saudação de Maria Santíssima, e canonizado ainda em vida pelo mesmo Jesus Cristo que declarou solenemente não haver entre os nascidos de mulheres nenhum maior do que vós; por intercessão da Virgem e pelos infinitos merecimentos de seu divino Filho, de quem fostes precursor, anunciando-o como Mestre e apontando-o como o Cordeiro de Deus que tira o pecado do mundo, alcançai-nos a graça de darmos também nós testemunho da verdade e selá-lo até, se preciso for, com o próprio sangue, como o fizestes vós, degolado iniquamente por ordem de um rei cruel e sensual, cujos desmandos e caprichos havíeis justamente verberado.

Abençoai todos os que vos invocam e fazei que aqui floresçam todas as virtudes que praticastes em vida, para que, verdadeiramente animados do vosso espírito, no estado em que Deus nos colocou, possamos um dia gozar convosco da bem-aventurança eterna. Amém.

S. João Bosco

(modelo dos educadores – 31 de janeiro)

Natural de Castelnuovo d'Asti, Itália, S. João Bosco (1815-1888) é o fundador dos Padres Salesianos e das Irmãs Filhas de Maria Auxiliadora. Insigne educador da juventude, fundou escolas tipográficas, jornais e revistas, comunidades de jovens abandonados, de filhos de operários... Deixou vários escritos pedagógicos e obras de formação. É o patrono do cinema, das escolas de artes e ofícios, dos prestidigitadores...

Necessitando eu de particular auxílio, a vós recorro com grande confiança, ó S. João Bosco. Preciso de graças espirituais e também temporais e especialmente... (pedir a graça). Vós que fostes tão devoto de Jesus sacramentado e de Maria Auxiliadora e vos compadecestes tanto das desventuras humanas, obtende-me de Jesus e de sua celeste Mãe a graça que vos peço e também uma grande obediência à vontade de Deus. Amém.

(Pai-Nosso, Ave-Maria, Glória ao Pai).

S. Joaquim e Santana

(padroeiros dos avós e dos idosos – 26 de julho)

A devoção a Santana remonta ao século VI no Oriente. Conforme a tradição católica, S. Joaquim e Santana são os pais de Nossa Senhora e avós de Jesus. Conta-se que humilhado por não terem filhos, S. Joaquim foi para o deserto onde passou 40 dias jejuando e rezando. Ao término desse retiro, um Anjo anunciou-lhe o nascimento de Maria, a qual haveria de ser a mãe do Messias, Jesus de Nazaré.

Ó beatíssimos pais da Mãe de Deus, S. Joaquim e Santana, eu vos saúdo e bendigo com devoção e amor. Alegro-me de todo o coração pela vossa glória e por aquela sublime prerrogativa pela qual Deus vos escolheu para serdes os pais da Mãe de Deus, Maria Santíssima.

Rogai por mim a Jesus e a Maria para que eu os agrade em tudo. Tende piedade de mim como os pais têm de seus filhos. Sede meus consoladores na vida e na morte. Assisti-me na minha última agonia, para que dignamente receba os santos sacramentos da Igreja e, partindo deste mundo com o coração contrito, possa chegar ao céu. Por nosso Senhor Jesus Cristo. Amém.

S. Jorge

(invocado nos momentos de tentações e perseguições – 23 de abril)

Provavelmente S. Jorge foi martirizado no século III, em Lida, Palestina. Foi perseguido e torturado, enterrado vivo, mas saiu ileso de todos os suplícios por força da fé. A partir do século IV, já era venerado no Oriente e no Ocidente. Um dos santos mais populares no Brasil, é representado montado num cavalo branco em combate contra um dragão que se nutria de ovelhas e tenras virgens. É invocado nos momentos de tentações e perseguições.

Ó Deus onipotente, que nos protegeis pelos méritos e bênçãos de S. Jorge, fazei que este grande mártir, com sua couraça, sua espada e seu escudo que representam a fé, a esperança e a caridade, esclareça a nossa inteligência, ilumine os nossos caminhos, fortaleça o nosso ânimo nas lutas da vida, dê firmeza à nossa vontade contra as tramas do maligno, para que, vencendo na terra como S. Jorge venceu, possamos triunfar no céu convosco e participar das eternas alegrias. Amém.

S. José

(padroeiro dos trabalhadores e das Igrejas – 19 de março)

A devoção a S. José remonta a S. Helena (séc. IV) que, segundo a tradição católica, lhe dedicou uma igreja em Belém. S. Bernardino de Sena (séc. XV), S. Teresa de Jesus (séc. XVI), carmelitas e franciscanos, propagaram essa devoção no Ocidente. Em 1871, Pio IX o declarou padroeiro da Igreja Universal e, em 1955, Pio XII promulgou a festa de S.

José Operário, apresentando-o como o modelo dos trabalhadores.

A vós, S. José, recorremos em nossa tribulação e, depois de termos implorado o auxílio de vossa Santíssima esposa, cheios de confiança solicitamos também o vosso patrocínio.

Por esse laço sagrado de caridade que vos uniu à Virgem Imaculada, Mãe de Deus, e pelo amor paternal que tivestes ao Menino Jesus, ardentemente suplicamos que lanceis um olhar benigno sobre a herança que Jesus Cristo conquistou com seu sangue e nos socorrais em nossas necessidades com o vosso auxílio e poder.

Protegei, ó guarda providente da divina família, toda a raça humana.

Afastai para longe de nós, ó pai amantíssimo, a peste do erro e do vício.

Assisti-nos do alto do céu, ó nosso fortíssimo sustentáculo, na luta contra o poder das trevas, e assim como outrora salvastes da morte a vida ameaçada do Menino Jesus, assim também defendei agora a santa Igreja de Deus das ciladas de seus inimigos e de toda adversidade.

Amparai a cada um de nós com o vosso constante patrocínio a fim de que, a vosso exemplo e sustentados com o vosso auxílio, possamos viver virtuosamente, morrer piedosamente, e obter no céu a eterna bem-aventurança. Amém.

S. Judas Tadeu

(invocado nos casos difíceis – 28 de outubro)

De Caná da Galileia, Palestina, Judas Tadeu foi um dos doze apóstolos (cf. Jo 14,22; Mt 10,3; Mc 3,18; Lc 6,16). Com S. Simão, propagou o Evangelho na Ásia Menor, Síria, Palestina, Pérsia, onde foi martirizado, por isso é representado com uma machadinha e um livro na mão. Muitos santos foram devotos de S. Judas, entre eles, S. Brígida que,

*aconselhada por Jesus numa visão, costu-
mava invocá-lo nas situações difíceis.*

São Judas Tadeu, glorioso apóstolo, fiel servo e amigo de Jesus.

A Igreja vos honra e venera por todo o mundo como patrono dos casos desesperados e negócios que não têm remédio. Rogai por mim, que estou assim tão desolado. Eu vos imploro: vinde em meu socorro com vossa intercessão, trazendo ajuda quando a esperança desaparece quase por completo.

Assisti-me nesta minha grande necessidade, para que eu possa receber as consolações e o auxílio do céu em minhas precisões, tribulações e sofrimentos.

Alcançai-me, São Judas, a graça que hoje vos peço... Desde já eu vos agradeço, bendito São Judas.

E mesmo que eu não consiga exatamente o que espero, tenho certeza de vossa proteção.

Quero sempre honrar-vos como especial e poderoso patrono.

Quero ter também a grande alegria de espalhar a vossa devoção por toda parte. São Judas, rogai por nós e por todos os que vos honram e invocam o vosso auxílio.

(Três Pai-Nossos, três Ave-Marias, três Glórias ao Pai).

S. Justino

(1 de junho)

Natural de Siquém, Palestina, S. Justino foi um famoso apologista do século II, martirizado durante a perseguição de Marco Aurélio. Antes de sua conversão, incursionou por várias filosofias até aportar-se no Cristianismo. Deixou vários escritos, entre os quais duas Apologias e o Diálogo com Trifão, que nos trazem importantes informações sobre a vida dos cristãos dos primeiros séculos.

Deus e Senhor nosso, de quem todo bem procede, nós vos damos graças por terdes cumulado vosso servo S. Justino com a abundância de vossos favores, por lhe terdes concedido a insigne graça do martírio. Que nos podereis recusar, ó grande Deus, quando vos pedimos graças em nome desse vosso servo predileto?

Ah! lembrai-vos de seu amor, lembrai-vos de seu martírio, lembrai-vos da glória que lhe concedestes e dai-nos em vossa misericórdia os benefícios que de vós esperamos. Amém. (Pai-Nosso, Ave-Maria e Glória ao Pai).

S. Lázaro

(17 de dezembro)

Natural de Betânia, S. Lázaro era irmão de Marta e Maria, uma família que Jesus amava e visitava com frequência. Em vida, Lázaro foi tocado pelo poder de Jesus que lhe restituiu a vida, fazendo-o sair do túmulo. Mais tarde, S. Lázaro teria se tornado bispo de Chipre ou talvez de Marselha, França. Seja como for, o fato é que no século X o imperador Leão VI teria feito transportar suas relíquias de Chipre para Constantinopla.

Ó S. Lázaro, vós suportastes os sofrimentos da vida terrena com a certeza de alcançar a felicidade no céu; abri meu coração ao Deus da Bíblia e aos ensinamentos da Igreja católica, dai-me um coração sensível às doenças e à miséria dos meus irmãos; abri meus olhos para ver e compreender que aquilo que se diz por aí: "O que aqui se faz aqui se paga", é uma sentença falsa e enganosa, porque a justiça perfeita e definitiva só acontece na outra vida. Ajudai-me a crer com firmeza na realidade do céu e do inferno, para que eu não venha a me arrepender quando já é tarde, como aconteceu com o rico da parábola.

S. Lázaro, rogai por mim e por meus irmãos. Amém.

S. Luzia ou Lúcia

(contra as doenças dos olhos – 13 de dezembro)

S. Luzia ou Lúcia foi uma jovem de Siracusa, Itália, martirizada em 304, na perseguição movida contra os cristãos pelo imperador romano Diocleciano. Seu nome figura desde a antiguidade cristã no cânon da missa romana, consagrando-a como uma das santas mais populares da Igreja. "Lúcia" em latim sugere "luz", induzindo o povo a invocá-la contra as doenças dos olhos. É representada segurando um prato com dois olhos dentro, pois segundo a tradição seus olhos foram arrancados e milagrosamente restaurados.

Ó S. Luzia, que preferistes deixar que os vossos olhos fossem vazados e arrancados antes de negar a fé e macular vossa alma; e Deus, com um milagre extraordinário, vos devolveu outros dois olhos sãos e perfeitos para recompensar vossa virtude e vossa fé, e vos constituiu protetora contra as doenças dos olhos, eu recorro a vós para que protejais minhas vistas e cureis a doença de meus olhos. Ó S. Luzia, conservai a luz dos meus olhos para que eu possa ver as belezas da criação, o brilho do Sol, o colorido das flores, o sorriso das crianças.

Conservai também os olhos de minha alma, a fé, pela qual eu possa conhecer o meu Deus, compreender os seus ensinamentos, reconhecer o seu amor para comigo e nunca errar o caminho que me conduzirá onde vós, S. Luzia, vos encontrais, em companhia dos Anjos e santos.

S. Luzia, protegei meus olhos e conservai minha fé. Amém.

S. Luís Gonzaga

(21 de junho)

Da cidade de Mântua, Itália, Luís Gonzaga (1568-1591) foi um jovem rico, bem sucedido, filho de família influente, que aos

16 anos de idade escandalizou a nobreza do seu tempo, com a decisão de ingressar na Companhia de Jesus. Morreu aos 23 anos de idade, enquanto cuidava das vítimas da peste que assolou Roma. Por ter lutado e perseguido o seu ideal até o fim, é o patrono da juventude e dos estudantes.

Ó S. Luís, adornado de angélicos costumes, eu, vosso indigníssimo devoto, vos recomendo singularmente a castidade de minha alma e de meu corpo. Rogo-vos por vossa angélica pureza que intercedais por mim ante o Cordeiro Imaculado, Jesus Cristo, e sua Santíssima Mãe, a Virgem das virgens, e que me preserveis de todo pecado grave. Não permitais que eu me manche com alguma nódoa de impureza, mas, quando me virdes em tentação, ou perigo de pecar, afastai de meu coração todos os pensamentos e afetos imundos e, despertando em mim a lembrança da eternidade e de Jesus crucificado, imprimi profundamente em meu coração o sentimento do santo temor de

Deus; abrasando-me no amor divino, fazei que, imitando-vos na terra, mereça convosco gozar a Deus no céu. Amém.

S. Margarida Maria

(16 de outubro)

Natural de L'Hautecour, Borgonha, S. Margarida Maria Alacoque (1647-1690) está ligada à devoção do Sagrado Coração de Jesus, o qual se manifestou a ela por quatro vezes. Inicialmente tida como visionária, sofreu forte oposição e descrença da própria comunidade religiosa. Ajudada pelo jesuíta Claude La Colombière, a devoção ao Sagrado Coração não somente foi aceita, mas se propagou por todo o mundo católico.

Novena (nove dias) é uma prática de piedade antiga na Igreja. Consiste em dedicar um período de nove dias a uma devoção especial (Natal, ao Sagrado Coração, aos santos etc). Algumas novenas têm recebido da Igreja consideração especial, sob a forma de indulgência. É o caso da prática das "Nove sextas-feiras", introduzida na Igreja (c. 1672), por S. Margarida Maria Alacoque. Em revelação à Santa, Jesus assegurou o penhor de salvação aos que às primeiras sextas-feiras, de nove meses consecutivos, recebessem a comunhão em reparação aos agravos contra o seu Sagrado Coração.

Ó Deus, derramai em nós o espírito com que enriqueceste S. Margarida Maria, para que, conhecendo o amor de Cristo, que supera todo conhecimento, possamos gozar da vossa plenitude. Por nosso Senhor Jesus Cristo, vosso Filho, na unidade do Espírito Santo. Amém.

S. Marta

(29 de julho)

S. Marta era irmã de Maria e de Lázaro. Vivia em Betânia, um vilarejo próximo de Jerusalém. Conforme nos relatam os evange-

lhos, Jesus estimava muito esta família e costumava ali hospedar-se (Lc 10,38-42; Jo 11,1-53, Jo 12,1-9). Marta aparece, pois, como aquela que hospeda e serve a Jesus. A seu pedido, Jesus ressuscitou a Lázaro. Além do que nos dizem os evangelhos, pouco sabemos dela após a morte de Jesus. Sua devoção remonta às Cruzadas, tendo início na França, lugar em que, segundo uma lenda, Marta, Maria e Lázaro morreram. É considerada a patrona das cozinheiras.

Ó gloriosa S. Marta, entrego-me confiante em vossas mãos, esperando vosso amparo. Acolhei-me sob a vossa proteção, consolai-me nos meus sofrimentos. Em prova de meu afeto e devoção, ofereço-vos esta luz, que acenderei todas as terças-feiras desta novena. Pela felicidade que tivestes em hospedar em vossa casa o Divino Salvador do mundo, consolai-me em minhas penas. Intercedei hoje e sempre por mim e por minha família, para que tenhamos o auxílio de Deus todo-poderoso, nas dificuldades da nossa vida. Suplico-vos, gloriosa santa, que em vossa grande bondade, me consigais especialmente a graça que ardentemente vos peço e de que tanto preciso (faz-se o pedido). Rogo-vos que me ajudeis a vencer todos os obstáculos que se apresentarem no caminho, com a mesma serenidade e fortaleza que vós tivestes ao traspassar o dragão que tendes aos vossos pés. Amém.

(Pai-Nosso, Ave-Maria, Glória ao Pai).

S. Mônica

(27 de agosto)

De Tagaste, África, S. Mônica (331-387) foi a mãe de S. Agostinho de Hipona. Dos três filhos, Agostinho foi o que mais desgosto lhe causara. Por mais que se esforçasse, o filho enveredava por caminhos adversos à fé católica. Mas como não era "possível o filho de tantas lágrimas perder-se", graças às orações, Agostinho encontrou o caminho da fé

*e foi batizado por S. Ambrósio, tornando-se
um dos bispos mais importantes da Igreja.*

S. Mônica, de vós foi dito com razão, a respeito da conversão do vosso filho Agostinho: "Não pode ficar sempre perdido um filho de tantas lágrimas". Olhai agora para o meu coração angustiado por causa do comportamento do meu filho (da minha filha). Tenho sofrido tanto desgosto. S. Mônica, intercedei por mim e por meu filho (minha filha). Livrai-o(a) do tóxico, do vício e das más companhias. Juntai as vossas lágrimas com as minhas, para comover o coração de Deus. E assim o meu filho (a minha filha) vai voltar para o bom caminho da fé e da bondade. Eu confio em Deus e na vossa intercessão de mãe junto a ele. Minha S. Mônica, implorai ao Pai do Céu, para que chame de volta o meu filho (a minha filha), que certamente não está feliz. Concedei essa alegria ao meu coração amargurado. S. Mônica, rogai por nós. S. Agostinho, rogai por nós.

S. Onofre

(contra a doença do álcool)

S. Onofre (séc. IV) foi um eremita egípcio que viveu no deserto de Tebaida, berço das primeiras comunidades de monges (séc. III e IV). S. Pafúncio afirma que o velho eremita viveu setenta anos sozinho no deserto, onde era visitado raramente por um eremita a pedir-lhe conselhos. Nutria-se de ervas e raízes e suas vestes reduziam-se a um cinturão de folhas, uma espessa barba e uma longa cabeleira. É invocado contra a doença do álcool.

Ó S. Onofre, que pela fé, penitência e força de vontade vencestes o vício do álcool, obtende-me a força e a graça de resistir à tentação da bebida. Livrai dessa verdadeira doença também os meus familiares e os meus amigos.

Abençoai os "alcoólicos anônimos" para que conservem firme o seu propósito de viver afastados da bebida e de ajudar os seus semelhantes a fazer o mesmo. Virgem Maria, mãe compassiva dos pecadores, socorrei-nos! S. Onofre, rogai por nós!

S. Paulina

(9 de julho)

Amábile Lúcia Winstainer (1865-1942) veio para o Brasil em 1875, aos 10 anos de idade, quando a família se fixou em Nova Trento (SC). Em 1890, com Virgínia Nicolodi (Ir. Matilde da Imaculada Conceição) e Teresa Maule (Ir. Inês de S. José), fundou as Irmãzinhas da Imaculada Conceição, que nasceram num casebre, onde eram acolhidos os necessitados. Ir. Paulina do Coração Agonizante de Jesus ou Madre Paulina foi canonizada em 2002.

Ó Santa Paulina, vós que pusestes toda a vossa confiança no Pai e em Jesus e que, inspirada por Maria, decidistes ajudar o povo sofrido, nós vos confiamos a Igreja que tanto amais, nossas vidas, nossas família, a Vida Consagrada e todo o povo de Deus (*fazer o pedido*).

Santa Paulina, intercedei por nós junto a Jesus, a fim de que tenhamos a coragem de trabalhar para um mundo mais humano, justo e fraterno. Amém.

Pai-Nosso, Ave-Maria, Glória ao Pai.

Santa Paulina, rogai por nós!

S. Paulo

(Apóstolo da Evangelização – 29 de junho)

Natural de Tarso, Cilícia, S. Paulo, Apóstolo (c.10-67), foi um judeu e cidadão romano, versado no farisaísmo (cf. At 22,28; 22,3). Antes de sua conversão ao Cristianismo foi um cruel perseguidor das incipientes comunidades cristãs (cf. At 8,3s). Depois do encontro com Cristo a caminho de Damasco, fez-se ardoroso apóstolo dos gentios, viajando (cf. 2Cor 11,26ss) e espalhando o Evangelho por todo o mundo então conhecido (cf. At 13-20).

S. Paulo, mestre dos gentios, lançai um olhar de amor sobre o Brasil e sobre todos os que aqui vivem. O vosso coração dilatou-se para acolher e abençoar a todos os povos no suave abraço da paz. E agora, do alto do céu, a caridade de Cristo vos leve a iluminar a todos com a luz do Evangelho e a estabelecer no mundo o reino do amor. Suscitai vocações, confortai os operários da Palavra de Deus, tornai os corações dóceis ao Divino Mestre.

Que este grande povo, encontrando cada vez mais em Cristo o Caminho, a Verdade e a Vida, resplandeça ante o mundo e procure sempre o reino de Deus e a sua justiça. Santo Apóstolo, iluminai-nos, confortai-nos e abençoai-nos. Amém.

S. Pedro

(para pedir proteção à Igreja e ao papa – 29 de junho)

Antes de Jesus chamá-lo de Pedro (cf. Jo 1,42 - "Pedra") e elegê-lo chefe da Igreja, seu nome era Simão e ganhava a vida pescando no mar da Galileia. Foi o primeiro a confessar que Jesus era o Cristo, o Filho do Deus vivo (cf. Mt 16,16-19; 18,18). Negou a Jesus três vezes (cf. Mt 26,35.69-75), mas nem por isso Jesus deixou de reconfirmá-lo como líder dos discípulos e da Igreja nascente (cf. Jo 21,15-19).

Gloriosíssimo S. Pedro, creio que vós sois uma importante coluna da Igreja, o pastor universal de todos os fiéis, o depositário das chaves do céu, o verdadeiro vigário de Jesus Cristo. Uma graça vos peço com toda a minha alma: guardai-me sempre unido a vós e fazei que antes me seja arrancado do peito o coração do que o amor e o respeito a vossos sucessores: todos os chamados ao Apostolado Ministerial. Que eu viva e morra como filho vosso e filho da santa Igreja católica e apostólica. Amém.

S. Peregrino

(invocado contra a doença do câncer – 17 de junho)

Natural de Forli, Itália, Peregrino Laziozi (1265-1345) foi o jovem que maltratou S. Filipe Benício, delegado do papa em Forli. Para manifestar seu desacato ao papa, deu um tapa na cara de seu enviado. S. Filipe, que era um homem de paz, não revidou o gesto de agressão. Tocado por tal exemplo de paciência e humildade, pediu perdão ao santo e se ajuntou a ele, fazendo-se também ele servita.

Glorioso santo, que obedecendo à voz da graça, renunciastes generosamente às vaidades do mundo para dedicar-vos ao serviço de Deus, de Maria Santíssima e da salvação das almas, fazei que nós também, desprezando os falsos prazeres da terra, imitemos o vosso espírito de penitência e mortificação. S. Peregrino, afastai de nós a terrível enfermidade, preservai-nos a todos nós desse mal, com vossa valiosa proteção. S. Peregrino, livrai-nos do câncer do corpo e ajudai-nos a vencer o pecado, que é o câncer da alma.

S. Pelegrino, socorrei-nos, pelos méritos de Jesus Cristo Senhor nosso. Amém.

S. Raimundo Nonato

(invocado pelas gestantes – 13 de agosto)

De Portel, Espanha, S. Raimundo (1200-1240) é chamado "Nonato" (não-nascido) porque a mãe morreu durante o parto. Fez-se mercedário e lutou a vida toda pela libertação dos escravos sob o poder mouro. Na Argélia, entregou-se como escravo para ficar perto dos prisioneiros. Dizem que para silenciá-lo, os mouros trancaram sua boca com um cadeado. De volta à Espanha, Gregório IX fez dele cardeal e seu conselheiro particular.

Glorioso S. Raimundo, eu vos tomo por meu especial advogado perante Deus, eu rogo vossa proteção a fim de que me alcanceis de Deus todas as graças de que necessito, auxílio nas tentações e misericórdia na fragilidade; principalmente a graça de uma boa morte, para convosco ir gozar e louvar a Deus por todos os séculos dos séculos. Suplico-vos também que me alcanceis esta graça: (pede-se a graça). E se o que peço não for para a maior alegria de Deus e para o meu bem, alcançai-me o que for mais conforme a uma coisa e outra. Amém.

S. Rita de Cássia

(invocada em casos impossíveis e desesperados
– 22 de maio)

Natural de Roccaporena, Itália, Rita de Cássia (1381-1457) é invocada nas causas impossíveis e momentos de desespero. Após dezoito anos de casamento, o marido foi assassinado. Impotente em debelar o ódio dos filhos, que juraram vingança, rogou a Deus para que os levasse antes que se manchassem de sangue. Sem o marido e sem os filhos, entrou para o mosteiro de Cássia, onde recebeu na fronte os estigmas de Jesus. Só foi canonizada em 1900.

Ó S. Rita, advogada nas causas urgentes, solução para os problemas insolúveis, socorro nos casos desesperados! Eis aos vossos pés uma alma desamparada e amargurada que precisa do vosso auxílio e de vossa proteção. Não permitais que eu tenha de me afastar de vós sem ser atendida.

Ó S. Rita, intercedei junto a Deus para que ele me conceda a graça de que tanto necessito (nomear a graça).

Ó grande santa, por vosso intermédio, espero tranquilamente receber a graça que peço.

Santa Rita, advogada dos impossíveis, rogai por nós. Amém.

S. Roque

(16 de agosto)

Natural de Montpellier, S. Roque (séc. XIV) passou a vida prestando socorro às vítimas da peste, que assolou o norte da Itália. Conta-se que, acometido pela peste, foi socorrido por um cão. Recuperou-se da doença e retornou à terra natal, mas a família o renegou e mandou prendê-lo como impostor. Morreu como indigente, esquecido por todos, sobretudo dos seus familiares. É representado acompanhado por um cão.

S. Roque, não levando em conta o perigo do contágio da peste, vos dedicastes de corpo e alma ao cuidado dos doentes, e Deus, para provar vossa fé e confiança permitiu que contraísseis a doença. Mas esse mesmo Deus, no abandono da vossa cabana, no bosque, por meio de um cão, vos alimentou de modo milagroso e também milagrosamente vos curou. Protegei-me contra as doenças infecciosas, livrai-me do contágio dos bacilos, defendei-me da poluição do ar, da água e dos alimentos.

Enquanto eu estiver saudável, vos prometo rezar pelos doentes dos hospitais e fazer o possível para aliviar as dores e os sofrimentos dos enfermos, para imitar a grande caridade que vós tivestes para com os vossos semelhantes.

S. Roque, abençoai os médicos, fortalecei os enfermeiros e atendentes dos hospitais, curai os doentes, defendei os que têm saúde contra o contágio e a poluição. S. Roque, rogai por nós.

S. Rosa de Lima

(23 de agosto)

Natural de Lima, Peru, Isabel de Flores y dei Oliva ou simplesmente Rosa de Lima (1586-1617) é a primeira santa das Américas. Jovem de origem humilde, costurava, bordava e cultivava flores para ajudar no sustento da família. Aos 20 anos de idade, ingressou na Ordem Terceira de S. Francisco. Vivia numa cabana junto à casa dos pais, fazendo penitência, rezando e ajudando a todos, sobretudo os doentes, pobres e índios desvalidos.

Santa Rosa, padroeira da América Latina, patrona dos agentes da ordem pública e guardiã da paz e tranquilidade das pessoas, concedei-nos por vossa intercessão que saibamos seguir na terra o caminho da vida de amor para usufruirmos no céu da torrente de vossas delícias. Por Jesus Cristo, nosso Senhor. Amém.

S. Sebastião

(contra a peste e contágio das doenças – 20 de janeiro)

S. Sebastião foi um tribuno romano martirizado na época do imperador Diocleciano, por volta de 284. Condenado à morte por ser cristão, o seu corpo foi varado de flechas. Foi recolhido ainda com vida pelos cristãos que curaram suas feridas. Descoberto, foi novamente preso e morto a pauladas. Venerado desde os primórdios do Cristianismo, sua devoção chegou até nós pelos primeiros colonos portugueses que aqui chegaram.

Onipotente e eterno Deus, que pelos merecimentos de S. Sebastião, vosso glorioso mártir, livrastes os vossos fiéis de doenças contagiosas, atendei as nossas humildes súplicas para que, recorrendo agora a vós, na nossa necessidade a fim de alcançar semelhante favor, mereçamos, por sua valiosa intercessão, ser livres do flagelo da peste e de toda moléstia do corpo e da alma. Por Jesus Cristo, Senhor nosso. Amém.

S. Teresa de Ávila

(15 de outubro)

Teresa de Ávila (1515-1582) destacou-se como mística, reformadora, escritora e doutora da Igreja. Carmelita, fundou em 1562 o pri-

meiro convento reformado de S. José de Ávila (1562) ou "carmelitas descalças". Com a ajuda de S. João da Cruz, reformou vários conventos, restaurando a disciplina e o espírito evangélico. Entre os vários escritos seus, vale a pena ler O castelo interior e Caminho da perfeição.

Ó Deus, que pelo vosso Espírito fizestes surgir S. Teresa para recordar à Igreja o caminho da perfeição, dai-nos encontrar sempre alimento em sua doutrina celeste e sentir em nós o desejo da verdadeira santidade. Por nosso Senhor Jesus Cristo vosso Filho, na unidade do Espírito Santo. Amém.

S. Teresinha do Menino Jesus

(missões e missionários – 1º de outubro)

Natural de Alençon, S. Teresinha do Menino Jesus (1873-1897) foi uma carmelita de Lisieux, que encontrou a Deus na simplicidade da vida em comum. Escreveu História de uma alma, em que descreve seu itinerário espiritu-

al, mostrando que a santidade não é privilégio de alguns agraciados, mas pode ser atingida por qualquer pessoa que busque a Deus na simplicidade e no anonimato de sua vida.

Ó S. Teresinha, querida flor de Jesus e Maria, que embalsamais o Carmelo e o mundo inteiro com o vosso suave perfume, chamai-nos, e nós correremos convosco, ao encontro de Jesus, pelo caminho do testemunho coerente do Reino por meio do amor.

Fazei-nos simples e dóceis, humildes e confiantes para com o nosso Pai do céu. Ah! não permitais que o ofendamos com o pecado. Assisti-nos em todos os perigos e necessidades; socorrei-nos em todas as aflições e alcançai-nos todas as graças espirituais e temporais, especialmente a que estamos precisando agora: (pede-se a graça).

Lembrai-vos, ó S. Teresinha, que prometestes passar o vosso céu fazendo o bem à terra, sem descanso, até ver completo o número dos eleitos.

Ah! cumpri em nós a vossa promessa: sede nosso Anjo protetor na travessia desta vida e não descanseis até que nos vejais no céu ao vosso lado, cantando a ternura do amor misericordioso do Coração de Jesus. Amém.

S. Valentino

(14 de fevereiro)

Segundo a tradição, S. Valentim ou Valentino foi um sacerdote romano convertido ao Cristianismo. Levado perante o imperador, repudiou os deuses pagãos e confessou sua fé em Jesus. Enviado ao magistrado, curou--lhe a filha cega, o que levou à conversão de toda a família. Foi então decapitado na via Flamínia, Roma, onde, no século IV, o papa Júlio construiu uma igreja a ele dedicada.

Ó Jesus Cristo, Salvador nosso, que viestes ao mundo para o bem das almas, mas que fizestes tantos milagres para dar saúde ao corpo, que curastes cegos, surdos, mudos e paralíticos; que curastes o menino que sofria de ataques e caía na água e no fogo; que libertastes aquele que se escondia entre os túmulos do cemitério; que expulsastes os maus espíritos dos possessos que espumavam; peço-vos, por intermédio de S. Valentino, a quem destes o poder de curar os que sofrem de desmaios e ataques, livrai-nos da epilepsia. S. Valentino, peço-vos especialmente que restituais a saúde a... (dizer o nome do doente). Fortalecei-lhe a fé e a confiança. Dai-lhe coragem, ânimo e alegria nesta vida para que possa render-vos graças e adorar a Cristo, o divino médico do corpo e da alma.

(Pai-Nosso, Ave-Maria e Glória ao Pai).

S. Vicente de Paulo

(pobres, presos e associações de caridade – 27 de setembro)

Natural de Gasconha, S. Vicente de Paulo (1581-1660) foi um sacerdote que dedicou toda a sua vida em favor das pessoas sofridas, dos pobres e desamparados. Com esse intuito, em 1625 fundou os Padres Vicentinos e, em 1633, com Luísa de Marillac, as Irmãs da Caridade. S. Vicente tinha o dom de cativar as pessoas e torná-las sensíveis ao serviço desinteressado em favor dos necessitados, o que ainda hoje continua uma realidade.

Ó glorioso S. Vicente, celeste padroeiro de todas as associações de caridade e pai de todos os infelizes que, enquanto vivestes sobre a terra, nunca faltastes àqueles que se valeram de vossa proteção: vede a multidão de males e misérias que nos oprimem e correi em nosso auxílio; alcançai do Senhor socorro para os pobres, alívio para os enfermos, consolação para os aflitos, proteção para os desamparados, caridade para os ricos, conversão para os pecadores, zelo para os padres, paz para a Igreja, tranquilidade para os povos e para todos a salvação. Sim, que todos experimentem os efeitos de vossa benéfica intercessão e que, socorridos assim por vós nas misérias desta vida, possamos reunir-nos convosco no céu, onde não haverá mais nem tristeza, nem lágrimas, nem dor, mas prazer, alegria e felicidade eterna. Amém. (Pai-Nosso, Ave-Maria, Glória ao Pai).

S. Zita

(padroeira das empregadas domésticas – 27 de abril)

De Monsagrati, Itália, S. Zita (1218-1278) foi uma empregada doméstica tão amada que ao morrer teve ajoelhada a seus pés toda a família a quem servira com dedicação durante 60 anos. E qual o seu segredo? Antes de tomar qualquer decisão, perguntava-se: "Isso agrada ao Senhor?" O que era seu ela o dava aos necessitados; e um dia, surpreendida em ajudar os pobres, o que era alimento em seu avental convertera-se em flores.

Ó S. Zita, no humilde trabalho doméstico, soubestes ser solícita como foi Marta, quando servia a Jesus, em Betânia, e piedosa como Maria Madalena aos pés do mesmo Jesus. Ajudai-me a suportar com ânimo e paciência todos os sacrifícios que os meus trabalhos domésticos me impõem. Ajudai-me a tratar as pessoas da família em que trabalho como se fossem minha família. Ajudai-me a ter sempre reconhecidos meus direitos trabalhistas, e ter sempre disposição de lutar por eles se preciso for.

Ó Deus, recebei o meu trabalho, o meu cansaço e minhas tribulações, e pela intercessão de S. Zita, dai-me forças para cumprir sempre os meus deveres para merecer o reconhecimento dos que sirvo e a recompensa eterna no céu. S. Zita, ajudai-me. Amém.

Para pedir a proteção de um santo

O culto aos santos faz parte da antiga tradição católica, que os tinha como modelos de virtudes e protetores na adversidade da vida. Prova disso são as numerosas pesso-as e localidades que recebem o nome de um santo, buscando nele proteção e ajuda nas dificuldades. Hoje a devoção aos santos con-tinua, mas é vista sob nova luz: testemunhas do Cristo Ressuscitado, de quem recebemos toda sorte de bens e de graças.

Santíssima Trindade, Pai, Filho e Espírito San-to, eu vos adoro e vos agradeço por terdes dado ao mundo (..........................), que soube em sua vida imitar tão perfeitamente os exemplos de Cris-to, ao ponto de ser colocado como modelo para nós que ainda peregrinamos neste mundo. Sua fé na mensagem de Cristo, sua caridade arden-te e sua vida de esperança orientada unicamen-te para Deus são motivos de força e entusiasmo para nós. Sua bondade, Senhor, sensibilizou-me e, sentindo-me indigno de recorrer diretamente a vós, faço-o por meio de (...............), o santo de minha confiança. Para ser digno de sua interces-são, prometo imitar seus exemplos (expressa-se o pedido). Senhor, dignai-vos atender meu pedido, se essa for a vossa vontade. Amém. (Pai-Nosso, Ave-Maria e Glória ao Pai).

Ladainha de todos os santos

Chamada também de litania dos santos, originou-se da Oração dos fiéis (séc. III), que constava duma lista de nomes de santos, cuja memória era invocada pelo celebrante durante a missa. No início eram reverenciados os nomes de mártires, sobretudo os que testemunharam a fé em Roma. Com o tempo, a lista dos santos foi ampliada, tomando caráter de universalidade. Daí ser chamada de Ladainha de todos os santos.

D – Deus, Pai do céu,

T – Tende piedade de nós!

D – Deus Filho, Redentor do mundo,

T – Tende piedade de nós.

D – Deus Espírito Santo,

T – Tende piedade de nós.

D – Santíssima Trindade, que sois um só Deus,

T – Tende piedade de nós.

D – Santa Maria, T – Rogai por nós. D – Santa Mãe de Deus, T – Rogai por nós.

Santa Virgem das virgens,

S. Miguel, S. Gabriel e S. Rafael,

Todos os santos Anjos e Arcanjos,

Todos os patriarcas e profetas

S. Abraão,

S. Moisés,

S. Elias,

S. João Batista,

S. José,

Todos os santos Apóstolos e discípulos do Senhor,

S. Pedro,

S. Paulo,

S. André,

S. João

S. Tiago,

S. Mateus,

S. Lucas,

S. Marcos,

S. Barnabé,

S. Maria Madalena,

Todos os santos mártires,

S. Estevão, S. Lourenço,

S. Inácio de Antioquia,

S. Justino,

S. Tomás Becket,

S. Tomás Mórus,

S. João Fischer,

S. Pedro Chanel, S. Carlos Lwanga, S. Perpétua, S. Felicidade, S. Inês,

S. Maria Goretti,

Todos os santos bispos e doutores,

S. Silvestre,

S. Gregório,

S. Agostinho,

S. Atanásio,

S. Basílio,

S. Gregório Nazianzeno, S. João Crisóstomo, S. Carlos Borromeu, S. Pio X,

Todos os santos presbíteros e religiosos,

S. Antônio,

S. Bento,

S. Bernardo,

S. Francisco

S. Domingos,

S. Tomás de Aquino,

S. Inácio de Loyola,

S. Francisco Xavier,

S. Vicente de Paula,

S. João Maria Vianney,

S. João Bosco,

S. Catarina de Sena,

S. Teresa d'Ávila,

S. Rosa de Lima,

S. Mônica,

S. Ludovico,

S. Isabel da Hungria,

D – Sede-nos propício,

T – Ouvi-nos, Senhor!

Para que nos livreis de todo mal, Para que nos livreis de todo pecado, Para que nos livreis da morte eterna, Pela vossa encarnação, Pela vossa morte e ressurreição, Pela vossa admirável ascensão, Pela efusão do Espírito Santo, Pela vossa gloriosa vinda, Apesar de nossos pecados, Para que vos digneis conduzir e proteger a vossa Igreja, Para que vos digneis conservar no vosso santo serviço o papa, os bispos e todo o clero, Para que vos digneis conceder a todos os povos a paz e a verdadeira concórdia, Para que vos digneis conservar-nos e confortar-nos no vosso santo serviço, Para que vos digneis conceder os bens eternos a todos os nossos benfeitores, Para que vos digneis dar e conservar os frutos da terra, Para que vos digneis conceder o descanso eterno a todos os irmãos falecidos, Para que vos digneis livrar o mundo da fome, das doenças e das guerras, Para que vos digneis conceder a unidade aos cristãos, Para que a luz do Evangelho chegue a todos os povos.

D – Cordeiro de Deus, que tirais o pecado do mundo,

T – perdoai-nos, Senhor.

D – Cordeiro de Deus, que tirais o pecado do mundo,

T– ouvi-nos, Senhor.

D – Cordeiro de Deus, que tirais o pecado do mundo,

T – Tende piedade de nós.

ORAÇÕES PARTICULARES

São vários os caminhos da oração, mas um só o Espírito que murmura em nosso íntimo o nome "Pai". E ao murmurar "Pai" abre o nosso coração ao entendimento de que na diversidade de raças, de culturas, de experiências particulares de vida, em Cristo ressuscitado participamos do mistério de amor, somos iluminados pela mesma luz e somos todos ramos da vinha de Deus.

Pe. Cícero Romão Batista

(Oração a Deus Pai)

Natural do Crato (CE), Brasil, Pe. Cícero Romão Batista (1844-1934) foi uma figura carismática que ganhou a simpatia do povo simples do sertão nordestino, o qual via nele seu chefe místico e religioso. Viveu às turras com a hierarquia eclesiástica, que o puniu severamente em 1921 com a excomunhão. Sua memória, entretanto, permanece ainda viva no coração dos sertanejos que o veneram como "santo" e protetor.

Ó Deus, Pai dos pobres, que inflamastes o coração do Padre Cícero com um grande amor para com os desamparados, sem casa e sem terra e o transformastes no grande conselheiro do povo nordestino e no zelo incentivador da devoção ao Rosário e da veneração de Nossa Senhora das Dores, recompensai esse grande apóstolo com o descanso de sua vida atribulada e com as alegrias do paraíso.

Fazei surgir no Nordeste e em todo o Brasil muitos padres, imitadores do Pe. Cícero, voltados para a pobreza material e espiritual do povo que busca a salvação, para que nos ajudem a aumentar a nossa fé, única riqueza verdadeira.

Que Nossa Senhora das Dores, Mãe fiel ao pé da cruz, dê força ao nosso pedido e nos alcance o que desejamos. Por nosso Senhor Jesus Cristo. Amém.

Bv. José de Anchieta

(9 de junho)

Natural de Tenerife, ilhas Canárias, José de Anchieta (1534-1597), o Apóstolo do Brasil aqui chegou em 1553. Fundou junto com Pe. Manuel da Nóbrega o colégio São Paulo (25/1/1554), em torno do qual nasceria a cidade de São Paulo. Percorreu o Brasil inteiro, catequizou, fundou colégios, hospitais, promoveu a paz entre brancos e índios.

Além de educador, deixou vasta obra como escritor, poeta, gramático e teatrólogo.

Oração inicial

Bem-aventurado José de Anchieta, missionário incansável e Apóstolo do Brasil, abençoai nossa pátria e a cada um de nós. Inflamado pela glória de Deus, consumistes a vida na promoção dos índios, catequizando, instruindo, fazendo o bem. Que o legado de vosso exemplo suscite novos apóstolos e missionários em nossa terra. Professor e mestre, abençoai nossos jovens, crianças e educadores. Poeta e literato, inspirai os escritores, artistas e comunicadores. Consolador dos doentes e aflitos, protetor dos pobres e abandonados, velai por todos aqueles que mais necessitam e sofrem em nossa sociedade, nem sempre justa, fraterna e cristã. Santificai as famílias e comunidades, orientando os que regem os destinos do Brasil e do Mundo. Por intermédio de Maria Santíssima, a quem tanto venerastes na terra, iluminai os nossos caminhos hoje e sempre. Amém.

(Pai-Nosso, Ave-Maria, Glória ao Pai (três vezes)).

Bem-aventurado José de Anchieta, Apóstolo do Brasil, rogai por nós.

Oração final

Santíssima Trindade, Pai, Filho e Espírito Santo, eu vos adoro, vos louvo e vos dou graças, pelos benefícios que me concedestes. Peço-vos, por tudo o que fez e padeceu o vosso servo José de Anchieta, que aumenteis em mim a fé, a esperança e a caridade, e vos digneis conceder-me a graça que ardentemente desejo. Amém.

Bv. Timóteo Giaccardo

Em 1914, Tiago Alberione iniciou na Itália a obra apostólica da "Boa Impren-

sa". De Narzole, Itália, Timóteo Giaccardo (1896-1948), foi o "braço direito" de Alberione. Primeiro padre a ser ordenado (1919) e a emitir os votos perpétuos (1927) na congregação, primeiro vigário-geral (1946), teve participação intensa na consolidação das várias congregações paulinas (Paulinos, Paulinas, Pias Discípulas, Pastorinhas...).

Ó Deus, que guiastes, com a luz da vossa Palavra e com a força da Eucaristia, o bem-aventurado Timóteo Giaccardo na vida e no apostolado, fazei que, por sua intercessão, os meios de comunicação social sejam na Igreja e no mundo utilizados para o bem, e contribuam eficazmente em todos os lugares para a difusão da mensagem do Evangelho. Por nosso Senhor Jesus Cristo, vosso Filho, que convosco vive e reina, um só Deus, na unidade do Espírito Santo. Amém.

Pe. Reus

De Pottenstein, Baviera, João Batista Reus (1868-1947) foi um sacerdote jesuíta alemão vindo para o Brasil em 1900. Trabalhou em Porto Alegre, São Leopoldo e em várias cidades do Rio Grande do Sul. Profundamente místico, foi professor e diretor espiritual no seminário de São Leopoldo. Segundo ele próprio afirma, no dia 7 de setembro de 1912, recebeu os estigmas em seu corpo, unindo deste modo sua vida à de Cristo Sofredor.

Ó Deus, que na vossa infinita bondade auxiliastes o vosso servo padre Reus a cultivar as virtudes cristãs, dai-me forças para segui-lo nesse caminho para que eu também vos possa glorificar com as mesmas virtudes desse vosso fiel servo.

Padre Reus, intercedei junto a Deus e à Virgem Santíssima para que eu possa obter a graça de que tanto preciso (nomear a graça). (Pai-Nosso, Ave-Maria, Glória ao Pai).

Ir. Tecla Merlo

Natural de Castagnito d'Alba, Tecla Merlo (1894-1964), a Primeira Mestra, foi com Tiago Alberione a fundadora das Irmãs Filhas de São Paulo. Teve papel importante na consolidação do novo instituto, cuja missão na Igreja é o apostolado com os meios de comunicação social. Superiora geral, sempre incentivou suas filhas religiosas a se manterem fiéis ao espírito paulino, mediante o cultivo da piedade, do estudo, da pobreza e do apostolado. Foi proclamada "Venerável" em 1991 pelo Papa João Paulo II.

Trindade Santíssima, Pai, Filho e Espírito Santo, nós vos agradecemos pelos dons singulares de luz, de graça e de virtude, que concedestes à irmã Tecla Merlo e por tê-la escolhido e constituído como mãe prudente e guia seguro das Filhas de São Paulo.

Concedei-nos, por sua intercessão, a graça de viver amando o que ela amava: Jesus Mestre Eucaristia, a Igreja, o Evangelho, as pessoas procuradas e ajudadas por meio da evangelização com os meios de comunicação social, até o completo sacrifício.

Senhor, se for nos desígnios da vossa divina sabedoria, realizai também aqui na terra, para essa filha devotíssima de São Paulo, a vossa divina promessa: aquele que me serve, meu Pai o glorificará.

Exaltai essa serva fiel para a alegria da Igreja, pelo bem de muitos e concedei-nos, por sua intercessão a graça que nós vos pedimos. Amém.

(Glória ao Pai...).

REZANDO COM OS SALMOS

"Salmo" quer dizer "louvor" e é uma forma privilegiada de recordar as maravilhas de Deus na história do povo de Israel e na história de cada fiel. Pelos Salmos podemos expressar ao Senhor nossos sentimentos de ânimo: júbilo, tristeza, ação de graças, arrependimento... "Salmos são um elemento essencial e permanente da oração da Igreja e são adequados aos homens de qualquer condição e tempo" (CIC, n. 2597).

Vida
Salmo 139(138)

Por mais que esquadrinhe os escaninhos da vida, a ciência pouco diz dos enigmas deste sopro divino que alenta todo ser vivo e o faz sentir-se vivo e pulsar como se fosse a consciência e a alma de todo o universo. A vida se faz por si mesma, sem alarde e publicidade. É fácil "copiar" da vida. Difícil é reinventar-se a si mesmo, ultrapassar-se, através de um amontoado de células que se comunicam, para dizer: "Eu amo, eu existo, eu sou".

Javé, tu me sondas e me conheces.

Tu conheces o meu sentar e o meu levantar,

de longe penetras o meu pensamento. Examinas o meu andar e o meu deitar,

meus caminhos todos são familiares a ti. A palavra ainda não me chegou à língua,

e tu, Javé, a conheces inteira. Tu me envolves por detrás e pela frente, e sobre mim colocas a tua mão. É um saber maravilhoso que me ultrapassa,

é alto demais: não posso atingi-lo! Para onde irei, longe do teu sopro? Para onde fugirei, longe da tua presença? Se subo ao céu, tu aí estás. Se me deito no abismo, aí te encontro.

Se levanto voo para as margens da aurora,

se emigro para os confins do mar,

aí me alcançará tua esquerda,

e tua direita me sustentará. Se eu digo: "Ao menos as trevas me cubram, e a luz se transforme em noite ao meu redor",

mesmo as trevas não são trevas para ti,

e a noite é clara como o dia. Sim! pois tu formaste meus rins,

tu me teceste no seio materno. Eu te agradeço por tão grande prodígio,

e me maravilho com as tuas maravilhas! Conhecias até o fundo de minha alma, e meus ossos não te eram escondidos. Quando eu era formado, em segredo,

tecido na terra mais profunda,

teus olhos viam as minhas ações

e eram todas escritas no teu livro. Os meus dias já estavam calculados,

antes mesmo que chegasse o primeiro. Mas, a mim, como são difíceis os teus projetos! Meu Deus, como é grande a soma deles! Se os conto... são mais numerosos que areia! E, ao despertar, ainda estou contigo! Ah! Meu Deus, se matasses o injusto! Se os assassinos se apartassem de mim!

Eles falam de ti com ironia,

e em vão se rebelam contra ti! Não odiaria eu aqueles que te odeiam? Não detestaria eu aqueles que se rebelam contra ti? Eu os odeio com ódio implacável! Eu os tenho por meus inimigos! Sonda-me, ó Deus, e conhece o meu coração! Prova-me, e conhece os meus sentimentos! Vê se não ando por um caminho fatal, e conduze-me pelo caminho eterno.

Louvor
Salmo 150

Por amor e bondade, Deus nos criou e criou todas as coisas para que servissem ao ser humano. Em Jesus, fez-se amor e ternura e armou sua tenda no meio de nós, e nos cumulou com toda sorte de bênçãos. Assim como os Anjos não cessam de cantar seus louvores (cf. Lc 2,14), também nós glorifiquemos o Senhor por tudo o que ele nos fez e pelas maravilhas que continua operando em nossas vidas.

Aleluia!

Louvem a Deus no seu templo,

louvem a ele no seu poderoso firmamento!

Louvem a Deus por suas façanhas, louvem a ele por sua imensa grandeza! Louvem a Deus tocando trombetas, louvem a ele com cítara e harpa! Louvem a Deus com dança e tambor, louvem a ele com cordas e flauta! Louvem a Deus com címbalos sonoros, louvem a ele com címbalos vibrantes! Todo ser que respira louve a Javé! Aleluia!

Agradecimento
Salmo 92(91)

Agradecer quer dizer "dar graças a Deus", pois de Deus recebemos o alento da vida e a luz da fé; de Deus nos vem a graça de invocá-lo como "Pai" e de comungar nossa vida com a dele por meio dos irmãos. Aquele que compreende estas coisas recorda e agradece, pois nem a todos é dado saborear as coisas do alto e balbuciar pelo Espírito "Aba!", "Pai!" ou dizer Amém! "Maranata" - Vem Senhor Jesus (Ap 22,20; 1Cor 16,22; Rm 1,25).

É bom agradecer a Javé,

e tocar para o teu nome, ó Altíssimo,

anunciar pela manhã o teu amor

e tua fidelidade pela noite,

com a lira de dez cordas, com a cítara,

e as vibrações da harpa:

porque teus atos, Javé, são a minha alegria

e as obras de tuas mãos o meu júbilo. Como são grandes tuas obras, Javé,

e teus projetos, como são profundos! O tolo não os compreende,

o sem-juízo não entende nada disso. Ainda que os injustos brotem como erva,

e todos os malfeitores floresçam,

eles serão destruídos para sempre. Porém tu, Javé,

tu és elevado para sempre! Eis que os teus inimigos

e os malfeitores todos se dispersam. Tu me dás o vigor de um touro

e me unges com óleo novo. Meu olho vê aqueles que me espreitam,

314

meus ouvidos escutam os malfeitores. O justo brota como palmeira,

cresce como cedro do Líbano:

plantado na casa de Javé,

brota nos átrios do nosso Deus. Mesmo na velhice dará fruto,

estará viçoso e frondoso,

para anunciar que Javé é reto,

e que na minha Rocha não há injustiça.

Alegria
Salmo 97(96)

Buscar a nossa alegria de viver é buscar a nossa bem-aventurança. E o que é nossa bem-aventurança senão a descoberta daquilo que nos faz realmente felizes? E o que nos faz realmente felizes senão fazer o bem a nós mesmos fazendo o bem ao próximo? Quanta tristeza, depressão, desânimo, mediocridade, se esfumariam com um simples gesto de perdão, de solidariedade fraterna, de ajuda desinteressada, de serviço aos necessitados...

Javé é Rei! A terra exulta,

e as ilhas numerosas ficam alegres! Trevas e nuvens o envolvem, Justiça e Direito sustentam o teu trono. À frente dele avança um fogo,

devorando seus inimigos ao redor. Seus relâmpagos deslumbram o mundo,

e, ao vê-los, a terra estremece. Os montes se derretem como cera

diante do Senhor de toda a terra. O céu anuncia a sua justiça,

e os povos todos contemplam a sua glória. Os que adoram estátuas se envergonham,

todos os que se orgulham dos ídolos. Porque diante dele os deuses todos se prostram.

Sião ouve e se alegra,

e as cidades de Judá exultam por tuas sentenças, ó Javé.

Sim, porque tu és, ó Javé,

o Altíssimo sobre a terra inteira, mais elevado que todos os deuses.

Javé ama quem detesta o mal,

ele protege a vida dos seus fiéis

e os liberta da mão dos injustos.

A luz se levanta para o justo,

e a alegria para os corações retos.

Justos, alegrem-se com Javé,

e celebrem sua memória santa!

Dor
Salmo 91(90)

Riso e lágrima, alegria e dor, treva e luz... tudo isso compõe o mosaico da existência humana. Mas tanto na alegria quanto na dor, Deus é o Rochedo que nos sustenta; o refúgio seguro que nos abriga até que passem as "noites de descrença", de provação e da falta de confiança em Deus. Destas coisas dão testemunho os que caminharam pela vida como se "vissem" o Invisível, e por isso realizaram o impossível (cf. Gn 18,14; Mt 19,26; Rm 4,18).

Você que habita ao amparo do Altíssimo,

e vive à sombra do Onipotente,

diga a Javé: "Meu refúgio, minha fortaleza,

meu Deus, eu confio em ti".

Ele livrará você do laço do caçador

e da peste destruidora.

Ele o cobrirá com suas penas,

e debaixo de suas asas você se refugiará.

O braço dele é escudo e armadura.

Você não temerá o terror da noite,

nem a flecha que voa de dia,

nem a epidemia que caminha nas trevas,

nem a peste que devasta ao meio-dia.

Caiam mil ao seu lado

e dez mil à sua direita,

a você nada atingirá.

Basta que você olhe com seus próprios olhos,

para ver o salário dos injustos,

porque você fez de Javé o seu refúgio

e tomou o Altíssimo como defensor.

A desgraça jamais o atingirá,

e praga nenhuma vai chegar à sua tenda,

pois ele ordenou aos seus anjos

que guardem você em seus caminhos.

Eles o levarão nas mãos,

para que seu pé não tropece numa pedra.

Você caminhará sobre cobras e víboras,

e pisará leões e dragões.

"Eu o livrarei, porque a mim se apegou.

Eu o protegerei, pois conhece o meu nome.

Ele me invocará, e eu responderei.

Na angústia estarei com ele.

Eu o livrarei e glorificarei.

Vou saciá-lo de longos dias

e lhe farei ver a minha salvação".

Perdão
Salmo 51(50)

O perdão é coisa de Deus, não coisa do homem. É dom que deve ser pedido com humildade, pois entregues a nossa humana condição, podemos, com o tempo, esquecer as ofensas, mas jamais perdoar o mal que o outro praticou contra nós. Ao perdoar aqueles que nos ofenderam, pelo poder de Deus somos regenerados de nossas chagas, somos recriados para uma vida nova.

Tem piedade de mim, ó Deus, por teu amor! Por tua grande compaixão, apaga a minha culpa! Lava-me da minha injustiça

e purifica-me do meu pecado!

Porque eu reconheço a minha culpa, e o meu pecado está sempre na minha frente;

pequei contra ti, somente contra ti,

praticando o que é mau aos teus olhos. Tu és justo, portanto, ao falar,

e, no julgamento, serás o inocente. Eis que eu nasci na culpa,

e minha mãe já me concebeu pecador. Tu amas o coração sincero,

e no íntimo, me ensinas a sabedoria.

Purifica-me com o hissope, e eu ficarei puro.

Lava-me, e eu ficarei mais limpo do que nunca.

Faze-me ouvir o júbilo e a alegria,

e que se alegrem os ossos que esmagaste. Esconde dos meus pecados a tua face,

e apaga toda a minha culpa. Ó Deus, cria em mim um coração puro,

e renova no meu peito um espírito firme. Não me rejeites para longe da tua face,

não retires de mim teu santo espírito. Devolve-me o júbilo da tua salvação,

e que um espírito generoso me sustente. Vou ensinar teus caminhos aos culpados,

e os pecadores voltarão para ti.

Livra-me do sangue, ó Deus,

ó Deus, meu salvador!

E a minha língua cantará a tua justiça.

Senhor, abre os meus lábios,

e minha boca anunciará o teu louvor.

Pois tu não queres sacrifício,

e nenhum holocausto te agrada. Meu sacrifício é um espírito contrito. Um coração contrito e esmagado tu não o desprezas. Favorece a Sião, por tua bondade,

reconstrói as muralhas de Jerusalém. Então aceitarás os sacrifícios rituais,

ofertas totais e holocaustos,

e no teu altar se imolarão novilhos.

Confiança
Salmo 23(22)

A fé nos leva a confiar em Deus em qualquer circunstância, mesmo nos momentos de dificuldades que humanamente nos pareçam sem saída. Mas a pessoa de fé vive a certeza de que o Deus que pode tornar possíveis as coisas impossíveis (cf. Lc 1,37) há de resgatar sua força e seu ânimo, fazendo-a emergir do fundo do fosso em que se encontra. Por isso nada nos deve perturbar ou assustar, pois o Senhor é conosco para sempre.

Javé é o meu pastor. Nada me falta.

Em verdes pastagens me faz repousar,

para fontes tranquilas me conduz

e restaura minhas forças. Ele me guia por bons caminhos,

por causa do seu nome. Embora eu caminhe por um vale tenebroso,

nenhum mal temerei,

pois junto a mim estás;

teu bastão e teu cajado

me deixam tranquilo. Diante de mim preparas a mesa,

à frente dos meus opressores;

unges minha cabeça com óleo,

e minha taça transborda. Sim, felicidade e amor me acompanham,

todos os dias da minha vida. Minha morada é a casa de Javé,

por dias sem fim.

PRÁTICAS DE DEVOÇÃO

O cerne da vida cristã é a liturgia, que celebra o júbilo da fé em Deus Pai. Entretanto, a vida cristã se nutre também das mais variadas formas de práticas de devoções populares. Impelido pelo Espírito, cujo sopro ninguém subjuga, o povo tem encontrado em todas as épocas sua maneira peculiar de dirigir seu clamor a Deus, invocando-o mediante práticas, como visitas a santuários, peregrinações, procissões, via sacra, o rosário...

Como rezar o terço

Quando se reza o terço em grupo, um dos presentes "tira" o terço, recitando uma Ave-Maria, a que o grupo responde com a Santa-Maria ou vice-versa. Em regra, inicia-se o terço com o Sinal da cruz, o Creio, um Pai-Nosso e 3 Ave-Marias. Anuncia-se o primeiro mistério a contemplar, reza-se o Pai-Nosso, seguido de 10 Ave-Marias e um glória ao pai, passando para o segundo mistério e assim sucessivamente.

Oferecimento

1 Creio em Deus Pai

1 Pai-Nosso

3 Ave-Marias

1º mistério

1 Pai-Nosso

10 Ave-Marias

1 Glória ao Pai

2º mistério

1 Pai-Nosso

10 Ave-Marias

1 Glória ao Pai

3º mistério

1 Pai-Nosso

10 Ave-Marias

1 Glória ao Pai

4º mistério

1 Pai-Nosso

10 Ave-Marias

1 Glória ao Pai

5º mistério

1 Pai-Nosso

10 Ave-Marias

1 Glória ao Pai

Agradecimento

1 Salve-Rainha

Mistérios do Rosário

No Rosário contemplamos os grandes fatos da vida de Jesus.

- Nos Mistérios Gozosos contemplamos as alegrias de Maria Santíssima. Rezam-se às segundas-feiras, sábados e domingos do advento. 1º) Lc 1,26-38; 2º) Lc 1,39-56; 3º) Lc 2,1-20; 4º) Lc 2,22-38; 5º) Lc 2,41-50.

- Nos Mistérios Luminosos contemplamos a revelação do Reino de Deus personificado em Jesus. Rezam-se às quintas-feiras. 1º) Mc 1,9-11; 2º) Jo 2, 1-12; 3º) Mc 1,14-15; 4º) Mt 17,1-13; 5º) Mc 14,22-25.

- Nos Mistérios Dolorosos contemplamos as dores de Jesus e Maria. Rezam-se às terças e sextas-feiras e aos domingos da Quaresma. 1º) Lc 22,39-46; 2º) Mc 15,1-15; 3º) Mt 27,27-31; 4º) Lc 23,26-32; 5º) Lc 23,33-49.
- Nos Mistérios Gloriosos contemplamos a Glória de Jesus e de Maria. Rezam-se às quartas-feiras e aos domingos. 1º) Mt 28,1-15; 2º) Lc 24,50-53; 3º) At 2,1-13; 4º) 1Cor 15,50-53; 5º) Ap 12,1-18.

Mistérios Gozosos

(segundas-feiras, sábados e domingos do Advento)

1. No primeiro mistério contemplamos o anúncio do Anjo Gabriel a Nossa Senhora de que ela dará à luz um filho, e o chamará de Jesus.

2. No segundo mistério contemplamos a visita de Nossa Senhora a sua prima Isabel, que também espera um filho.
3. No terceiro mistério contemplamos o nascimento de Jesus, na gruta de Belém.
4. No quarto mistério gozoso contemplamos a apresentação de Jesus no Templo.
5. No quinto mistério gozoso Jesus é encontrado no Templo entre os doutores.

Mistérios Luminosos

(quintas-feiras)

1. No primeiro mistério contemplamos o batismo de Jesus nas águas do rio Jordão.
2. No segundo mistério contemplamos o primeiro milagre de Jesus, nas bodas de Caná.
3. No terceiro mistério contemplamos Jesus que anuncia o Reino de Deus e convida à conversão.

4. No quarto mistério contemplamos a transfiguração de Jesus no monte Tabor.
5. No quinto mistério contemplamos a instituição da Eucaristia.

Mistérios Dolorosos

(terças e sextas-feiras e domingos da Quaresma)

1. No primeiro mistério contemplamos a agonia de Jesus no Horto das Oliveiras.
2. No segundo mistério contemplamos a flagelação de Jesus.
3. No terceiro mistério contemplamos Jesus coroado de espinhos.
4. No quarto mistério contemplamos Jesus carregando a cruz até o Calvário.
5. No quinto mistério contemplamos a crucificação e a morte de Jesus.

Mistérios Gloriosos

(quartas-feiras e domingos)

1. No primeiro mistério contemplamos a ressurreição gloriosa de Jesus.

2. No segundo mistério contemplamos a ascensão de Jesus aos céus.

3. No terceiro mistério contemplamos a vinda do Espírito Santo sobre Maria e os Apóstolos, reunidos no Cenáculo.

4. No quarto mistério contemplamos a assunção de Nossa Senhora aos céus.

5. No quinto mistério contemplamos a coroação de Nossa Senhora como Rainha e intercessora nossa junto ao seu Filho, Jesus.

OFÍCIO DA IMACULADA CONCEIÇÃO

Este Ofício é atribuído a Bernardino de Busto ou a S. Boaventura (1221-1274). Seguindo o modelo do Ofício das Horas, esta prática de piedade envolvia o dia inteiro. Assim rezava-se de madrugada (Matinas), às 6 horas da manhã (Prima), às 9 horas (Terça), ao meio-dia (Sexta), às 15 horas (Noa), ao entardecer (Vésperas) e à hora de deitar (Completas). Hoje é costume rezá-lo todo de uma só vez, aos sábados à tarde.

O hino é uma forma sublime de oração de louvor e ação de graças, que remonta ao Antigo e Novo Testamentos. A partir do século IV, com S. Ambrósio, os hinos começam a ganhar espaço na liturgia da Igreja e na piedade popular. Exemplos de hinos famosos são o Magnificat (cf. Lc 1,46ss), o Benedictus (cf. Lc 1,68ss), o Nunc dimittis (cf. Lc 2,29-32), o Dies irae, o Stabat Mater, o Te Deum e estes do Ofício da Imaculada.

Matinas

Agora, lábios meus, dizei e anunciai
os grandes louvores da Virgem, Mãe de Deus.
Sede em meu favor, Virgem Soberana.
Livrai-me do inimigo, com vosso valor.
Glória seja ao Pai, ao Filho, ao Amor também,
que é um só Deus, em Pessoas três,
agora e sempre e sem fim. Amém.

Hino

Deus vos salve, Virgem, Senhora do mundo.
Rainha dos céus e das virgens, Virgem.
Estrela da manhã, Deus vos salve,
cheia de graça divina, formosa e louçã.
Dai pressa, Senhora, em favor do mundo,
pois vos reconhece como Defensora.
Deus vos nomeou desde a eternidade para
Mãe do Verbo,
com o qual criou terra, mar e céus,
e vos escolheu.

Quando Adão pecou, por Esposa de Deus,
Deus a escolheu,
e já muito antes, em seu tabernáculo, morada
lhe deu.
Ouvi, Mãe de Deus, minha oração.
Toquem em vosso peito os clamores meus.

Oração

Santa Maria, Rainha dos céus, Mãe de nosso Senhor Jesus Cristo, Senhora do mundo, que a nenhum pecador desamparais nem desprezais, ponde, Senhora, em mim os olhos de vossa piedade, e alcançai-me de vosso amado Filho o perdão de todos os meus pecados, para que eu, que agora venero com devoção vossa Imaculada Conceição, mereça na outra vida alcançar o prêmio da bem-aventurança, por mercê de vosso benditíssimo Filho Jesus Cristo nosso Senhor, que com o Pai e o Espírito vive e reina para sempre. Amém.

Prima

Sede em meu favor, Virgem Soberana.
Livrai-me do inimigo, com vosso valor.
Glória seja ao Pai, ao Filho, ao Amor também,
que é um só Deus, em Pessoas três,
agora e sempre e sem fim. Amém.

Hino

Deus vos salve, Mesa para Deus ornada.
Coluna sagrada de grande firmeza.
Casa dedicada a Deus sempiterno,
Sempre preservada, Virgem, do pecado.
Antes que nascida fostes, Virgem Santa,
no ventre ditoso de Ana concebida.

Sois Mãe santa dos mortais viventes.
Sois dos Santos Porta, dos Anjos Senhora.
Sois forte esquadrão contra o inimigo.
Estrela de Jacó, Refúgio do cristão.
A Virgem criou Deus no Espírito Santo,
e todas as suas obras, com ela as ornou.

Ouvi, Mãe de Deus, minha oração.
Toquem em vosso peito os clamores meus.

Oração

Santa Maria, Rainha dos céus...

Terça

Sede em meu favor, Virgem soberana.
Livrai-me do inimigo, com vosso valor.
Glória seja ao Pai, ao Filho, ao Amor também,
que é um só Deus, em Pessoas três,
agora e sempre, e sem fim. Amém.

Hino

Deus vos salve, Trono do Grão-Salomão.
Arca do concerto. Velo de Gedeão.
Íris do céu clara. Sarça da visão.

Favo de Sansão. Florescente vara,
a qual escolheu para ser Mãe sua,
e de vós nasceu o Filho de Deus.
Assim vos livrou da culpa original.

De nenhum pecado há em vós sinal.
Vós que habitais lá nessas alturas
e tendes vosso trono sobre as nuvens puras.

Ouvi, Mãe de Deus, minha oração.
Toquem em vosso peito os clamores meus.

Oração

Santa Maria, Rainha dos céus...

Sexta

Sede em meu favor, Virgem soberana.
Livrai-me do inimigo, com vosso valor.
Glória seja ao Pai, ao Filho, ao Amor também,
que é um só Deus, em Pessoas três,
agora e sempre e sem fim. Amém.

341

Hino

Deus vos salve, Virgem, da Trindade Templo,
Alegria dos Anjos, da pureza exemplo,
que alegrais os tristes com vossa clemência.

Horto de deleites, Palma de paciência.
Sois terra bendita e sacerdotal.
Sois de castidade símbolo real.

Cidade do Altíssimo. Porta oriental.
Sois a mesma graça, Virgem singular.
Qual lírio cheiroso entre espinhas duras,
tal sois vós, Senhora, entre as criaturas.

Ouvi, Mãe de Deus, minha oração.
Toquem em vosso peito os clamores meus.

Oração

Santa Maria, Rainha dos céus...

Nona

Sede em meu favor, Virgem soberana,
Livrai-me do inimigo com vosso valor.
Glória seja ao Pai, ao Filho, ao Amor também,
que é um só Deus, em Pessoas três,
agora e sempre e sem fim. Amém.

Hino

Deus vos salve, Cidade de torres guarnecida.
De Davi com armas bem fortalecida.
De suma caridade sempre abrasada.
Do dragão a força foi por vós prostrada.
Ó Mulher tão forte. Ó invicta Judite,
que alentastes o sumo Davi.
Do Egito o curador, de Raquel nasceu.
Do mundo o Salvador, Maria no-lo deu.
Toda é formosa a minha Companheira.
Nela não há mácula da culpa primeira.

Ouvi, Mãe de Deus, minha oração.
Toquem em vosso peito os clamores meus.

Oração

Santa Maria, Rainha dos céus...

Vésperas

Sede em meu favor, Virgem soberana.
Livrai-me do inimigo com vosso valor.
Glória seja ao Pai, ao Filho, ao Amor também,
que é um só Deus, em Pessoas três,
agora e sempre e sem fim. Amém.

Hino

Deus vos salve, Relógio que andando atrasado
serviu de sinal ao Verbo encarnado.
Para que o ser humano suba às sumas alturas,
desce o Deus dos céus para as criaturas.

Com os raios claros do Sol da Justiça,
resplandece a Virgem, dando ao sol cobiça.
Sois Lírio formoso, que cheiro respira,
entre os espinhos, da serpente a ira.

Vós a quebrantais, com vosso poder.
Os cegos errados os alumiais.
Fizestes nascer o Sol fecundo.
E com nuvens cobristes o mundo.

Ouvi, Mãe de Deus, minha oração.
Toquem em vosso peito os clamores meus.

Oração

Santa Maria, Rainha dos céus...

Completas

Rogai a Deus, vós, Virgem, que nos converta,
e que sua ira aparte de nós.
Sede em meu favor, Virgem Soberana.
Livrai-me do inimigo com vosso valor.
Glória seja ao Pai, ao Filho, ao Amor também,
que é um só Deus, em Pessoas três,
agora e sempre e sem fim. Amém.

Hino

Deus vos salve, Virgem, Mãe Imaculada,
Rainha de clemência, de estrelas coroada.
Vós, sobre os Anjos sois purificada.
De Deus à mão direita estais de ouro ornada.
Por vós, Mãe das Graças, mereçamos ver
a Deus nas alturas, com todo o prazer,
pois sois a Esperança dos pobres errantes,
e seguro Porto aos navegantes.
Estrela do mar, e saúde certa,
e porta que estais para o céu aberta.
É óleo derramado, Virgem, vosso Nome,
e os vossos servos vos hão sempre amado.
Ouvi, Mãe de Deus, minha oração.
Toquem em vosso peito os clamores meus.

Oração

Santa Maria, Rainha dos céus...

Oferecimento final

Humildes oferecemos a vós, Virgem pia,
estas orações, porque são nosso Guia.
Ide vós adiante, e na agonia vós nos animeis,
ó doce Maria. Amém.

VIA SACRA (ESTAÇÕES)

Esta prática de piedade remonta aos séculos XII e XIII, época em que se multiplicaram as cruzadas e as peregrinações à Terra Santa. Para divulgarem a devoção à Paixão de Cristo, os peregrinos reproduziam, em seus lugarejos, o Caminho da cruz, erigindo "estações" alusivas à Paixão de Jesus. Um dos maiores propagadores da Via sacra foi S. Leonardo de Porto Maurício (1676-1751) que só na Itália erigiu cerca de 572 Via crucis.

A Via sacra é o caminho percorrido por Cristo, carregando sua cruz às costas. É uma escola viva de amor, de compreensão e de bondade. Fazer a Via sacra é um dos melhores meios para meditar a paixão de Jesus. Há muitos modos de fazer a Via sacra; mas um dos mais excelentes é fazê-la com as próprias narrativas da Bíblia, deixando um espaço para aplicarmos à realidade que vivemos hoje.

1ª Estação

Jesus é condenado à morte

D – Nós vos adoramos, Senhor Jesus Cristo, e vos bendizemos.

T – Porque pela vossa santa cruz remistes o mundo.

Leitura: João 19,12-16. "Pilatos procurava libertar Jesus. Mas os judeus gritavam: 'Se o libertas, não és amigo de César. Todo aquele que se faz rei é inimigo de César'. Pilatos, ouvindo estas palavras, mandou trazer Jesus e disse aos judeus: 'Eis o vosso rei'. Eles, porém, gritaram: 'Tira-o, tira-o. Crucifica-o'. Ao que Pilatos respondeu: 'Crucificarei o vosso rei?' Responderam os pontífices: 'não temos outro rei senão César'. Então Pilatos entregou-lhes Jesus para ser crucificado".

Todos: "Por isso o Pai me ama, porque dou a vida, para de novo a tomar. Ninguém pode tirar-me a vida: sou eu que a ofereço. E tenho o poder de dá-la e o poder de retomá-la" (Jo 10,17-18).

Dirigente: Deus onipotente e eterno, concedei-nos a graça de reviver de tal modo os mistérios da paixão do Senhor, que mereçamos perdão e misericórdia. Pelo mesmo Cristo nosso Senhor. Amém.

Pai-Nosso e Ave-Maria.

2ª Estação

Jesus recebe a cruz

D – Nós vos adoramos, Senhor Jesus Cristo, e voz bendizemos.

T – Porque pela vossa santa cruz remistes o mundo.

Leitura: João 19,16-17. "Os judeus apoderaram-se então de Jesus e ele, levando a cruz aos ombros, saiu da cidade em direção ao lugar do Calvário".

Todos: "Se alguém quiser vir após mim, renuncie a si mesmo, tome a sua cruz e siga-me. Quem quiser salvar a sua vida, a perderá; mas quem quer perder a vida por amor a mim, a encontrará. Em verdade, que aproveita ao ser humano ganhar o mundo inteiro, se vier a perder a sua alma?" (Mt 16,24-26).

Dirigente: Deus onipotente e eterno, que para dar ao gênero humano um exemplo de humildade, quisestes que o nosso Salvador tomasse a natureza humana e morresse na cruz, concedei-nos, benignamente, que acolhamos o ensinamento de sua paixão, para tomar parte na sua ressurreição.

Pelo mesmo Jesus Cristo nosso Senhor. Amém.

Pai-Nosso e Ave-Maria.

3ª Estação

Jesus cai pela primeira vez

D – Nós vos adoramos, Senhor Jesus Cristo, e voz bendizemos.

T – Porque pela vossa santa cruz remistes o mundo.

Leitura: Isaías 50, 5-7. "O Senhor abriu-me os ouvidos e eu não me opus, não me retirei. Apresentei as costas àqueles que me flagelavam e o rosto a quem me arrancava a barba. Não desviei o rosto dos ultrajes e dos escarros. Meu Deus está comigo! Por isso, não serei confundido".

Todos: "Quem quiser ser o maior entre vós, torne-se o vosso servidor; e quem quiser ser o primeiro, torne-se servo de todos. Porque também o Filho do Homem não veio para ser servido, mas para servir e dar a vida para a redenção de muitos" (Mc 10,41-45).

Dirigente: Concedei-nos, nós vos pedimos, Deus onipotente, que caindo por nossas fraquezas, no meio de tantas dificuldades, encontremos apoio na intercessão de vosso Filho sofredor. Ele que convosco vive e reina pelos séculos. Amém.

Pai-Nosso e Ave-Maria.

4ª Estação

Jesus encontra-se com sua Mãe Santíssima

D – Nós vos adoramos, Senhor Jesus Cristo, e voz bendizemos.

T – Porque pela vossa santa cruz remistes o mundo.

Leitura: Lucas 11,34-35. "Simeão disse a Maria, sua mãe: Eis que esta criança será causa de ruína e de salvação para muitos em Israel. Será um sinal de contradição. E uma espada de dor te traspassará a alma, para que se descubram os pensamentos secretos de muitos corações".

Todos: "Aquele que faz a vontade de meu Pai que está no céu, esse é meu irmão, minha irmã e minha mãe" (Mt 12,48).

Dirigente: Ó Deus, em cuja paixão, como Simeão tinha profetizado, uma espada de dor atravessou o coração da Virgem Maria, concedei-nos por vossa bondade, que a meditação dos vossos sofrimentos nos obtenha o fruto benéfico de vossa paixão. Vós que viveis e reinais por todos os séculos. Amém.

Pai-Nosso e Ave-Maria.

5ª Estação

Jesus é ajudado por Cireneu

D – Nós vos adoramos, Senhor Jesus Cristo, e voz bendizemos.

T – Porque pela vossa santa cruz remistes o mundo.

Leitura: Lucas 23,26. "E os soldados obrigaram um certo Simão de Cirene, que voltava do campo, a ajudar Jesus a carregar a cruz".

Todos: "O discípulo não é mais que seu mestre, nem o servo mais que o seu Senhor. Contente-se o discípulo de ser como o mestre, e o servo como o Senhor. Se chamaram de demônio ao Senhor da casa, com quanto mais razão aos seus familiares?" (Mt 10,24-25).

Dirigente: Ó Deus, que com o sangue precioso de vosso Filho quisestes santificar a bandeira da cruz vivificadora, concedei-nos, vos suplicamos, que todos quantos nos alegramos com a honra prestada à mesma santa cruz, possamos gozar sempre da vossa proteção. Pelo mesmo Jesus Cristo nosso Senhor. Amém.

Pai-Nosso e Ave-Maria.

6ª Estação

Verônica enxuga o rosto de Jesus

D – Nós vos adoramos, Senhor Jesus Cristo, e voz bendizemos.

T – Porque pela vossa santa cruz remistes o mundo.

Leitura: Isaías 53,3. "Nós o vimos sem beleza alguma, nem esplendor, nem aparência amável, desprezado e rejeitado pelas pessoas, ser humano das dores, experimentado no sofrimento".

Todos: "Quem me vê, vê aquele que me enviou. Eu sou a luz: vim ao mundo para que todos quantos acreditam em mim não fiquem nas trevas" (Jo 12,44-45).

Dirigente: Ó Deus, que amais todos os corações e respeitais a todas as vontades, e que nunca invadis nosso mais íntimo segredo, purificai os nossos pensamentos com a efusão do Espírito Santo, para que mereçamos amar-vos e louvar-vos dignamente. Pelo mesmo Jesus Cristo nosso Senhor. Amém.

Pai-Nosso e Ave-Maria.

7ª Estação

Jesus cai pela segunda vez

D – Nós vos adoramos, Senhor Jesus Cristo, e voz bendizemos.

T – Porque pela vossa santa cruz remistes o mundo.

Leitura: Isaías 53,4-5. "Ele carregou as nossas dores e tomou sobre si os nossos sofrimentos; e nós o julgamos um castigado, punido por Deus e humilhado. Foi ferido por causa das nossas culpas e esmagado pelas nossas iniquidades. O castigo que nos dá a paz caiu sobre ele e é pelas suas chagas que nós somos curados".

Todos: "Bem-aventurados os aflitos porque serão consolados. Bem-aventurados os mansos, porque possuirão a terra. Bem-aventurados os que sofrem perseguições por causa da justiça, porque deles é o Reino dos céus" (Mt 5,5-10).

Dirigente: Dignai-vos, Deus onipotente, conceder-nos que, afligidos sem cessar pelas nossas culpas, sejamos libertados pela coragem de assumir, na alegria, o preço de nossas opções livres, animados pelo exemplo amoroso da paixão de vosso unigênito Filho, que vive e reina convosco por todos os séculos. Amém.

Pai-Nosso e Ave-Maria.

8ª Estação

Jesus encontra as santas mulheres

D – Nós vos adoramos, Senhor Jesus Cristo, e voz bendizemos.

T – Porque pela vossa santa cruz remistes o mundo.

Leitura: Lucas 23,27-28. "O povo seguia Jesus em multidão, assim como as mulheres, que batiam no peito e choravam. Mas Jesus, voltando-se para elas, disse: Filhas de Jerusalém, não choreis sobre mim; chorai antes por vós e por vossos filhos".

Todos: "Não é dizendo Senhor, Senhor, que se entrará no reino dos céus; mas sim fazendo a vontade de meu Pai que está nos céus" (Mt 7,21).

Dirigente: Ó Senhor Jesus Cristo, que descestes do seio do Pai à terra e derramastes o vosso sangue como testemunho final do amor que nos dedicastes, e assim nos mostrastes qual o único caminho que redime os nossos pecados, nós vos pedimos que no dia do Juízo mereçamos ouvir, à vossa direita, aquelas palavras: "Vinde, benditos de meu Pai". Vós que viveis e reinais por todos os séculos. Amém.

Pai-Nosso e Ave-Maria.

9ª Estação

Jesus cai pela terceira vez

D – Nós vos adoramos, Senhor Jesus Cristo, e voz bendizemos.

T – Porque pela vossa santa cruz remistes o mundo.

Leitura: Isaías 53,8-9 "Através da violência e do juízo ele foi arrancado. Quem terá compaixão dele? Sim, ele foi arrancado da terra dos vivos; pelo meu povo escolhido ele foi ferido de morte. Mas ele não tinha cometido culpa alguma, nem tinha sido encontrada mentira em seus lábios".

Todos: "Vinde a mim todos que estais cansados, sem forças, e eu vos aliviarei. Tomai sobre vós meu jugo, e aprendei de mim que sou manso e humilde de coração, e encontrareis descanso para as vossas almas. Porque o meu jugo é suave e o meu peso é leve" (Mt 11,28-30).

Dirigente: Deus onipotente e eterno, única esperança do mundo, que pela voz dos profetas e sábios antigos anunciastes os mistérios dos tempos presentes, dignai-vos aumentar o fervor das orações do vosso povo, porque nenhum de vossos fiéis pode progredir nas virtudes, se vós mesmo não o inspirais com a vossa graça. Por Jesus Cristo nosso Senhor. Amém.

Pai-Nosso e Ave-Maria.

10ª Estação

Jesus é despojado de suas vestes

D – Nós vos adoramos, Senhor Jesus Cristo, e voz bendizemos.

T – Porque pela vossa santa cruz remistes o mundo.

Leitura: Marcos 15,24. "Os soldados crucificaram Jesus e dividiram entre si as suas roupas, tirando a sorte para ver a parte que tocaria a cada um".

Todos: "Vim trazer o fogo à terra, e como queria que ele se acendesse!"(Lc 12,49).

Dirigente: Purificai, Senhor, com o fogo do Espírito Santo o nosso corpo e o nosso coração, para que vos sirvamos com um corpo casto e vos agrademos com um coração puro. Por Jesus Cristo nosso Senhor. Amém.

Pai-Nosso e Ave-Maria.

11ª Estação

Jesus é pregado na cruz

D – Nós vos adoramos, Senhor Jesus Cristo, e voz bendizemos.

T – Porque pela vossa santa cruz remistes o mundo.

Leitura: Lucas 23,33-34. "E chegando ao lugar do Calvário, aí o crucificaram, juntamente com dois ladrões, um à direita e o outro à esquerda. Jesus dizia: Pai, perdoa-lhes, porque não sabem o que fazem".

Todos: "Quando tiverdes levantado da terra o Filho do Homem, então sabereis quem eu sou e reconhecereis que nada faço por mim mesmo mas eu falo o que o Pai me ensinou. Chegou a hora em que o Príncipe deste mundo será lançado fora e eu, quando for levantado da terra, atrairei todos a mim" (Jo 8,28).

Dirigente: Olhai, benignamente, ó Deus, para esta nossa família, pois por seu amor o Senhor nosso Jesus Cristo não hesitou em entregar-se nas mãos dos pecadores, dando-nos o magnífico testemunho da cruz. Pelo mesmo Jesus Cristo nosso Senhor. Amém.

Pai-Nosso e Ave-Maria.

12ª Estação

Jesus morre na cruz

D – Nós vos adoramos, Senhor Jesus Cristo, e voz bendizemos.

T – Porque pela vossa santa cruz remistes o mundo.

Leitura: João 19,28. "Para que a Escritura se cumprisse, Jesus exclamou: 'Tenho sede!' Havia perto uma vasilha cheia de vinagre. Molharam uma esponja no vinagre, colocaram-na na ponta de uma cana e levaram-na à boca de Jesus. Tendo provado o vinagre, Jesus disse: 'Tudo está consumado'. E inclinando à cabeça expirou".

Todos: "Não há prova maior de amor do que dar a vida pela pessoa amada" (Jo 15,13).

Dirigente: Ó Deus, que no coração de vosso Filho, ferido pelos nossos pecados, vos dignais conceder-nos misericordiosamente os tesouros do vosso amor, concedei, nós vos suplicamos, que apresentando-lhe o serviço de nossa piedade, lhe ofereçamos também atos de uma digna resposta de amor. Por Jesus Cristo nosso Senhor. Amém.

Pai-Nosso e Ave-Maria.

13ª Estação

Jesus é descido da cruz

D – Nós vos adoramos, Senhor Jesus Cristo, e voz bendizemos.

T – Porque pela vossa santa cruz remistes o mundo.

Leitura: João 19,38. "Depois disso, José de Arimateia, que era discípulo de Jesus, embora ocultamente por medo dos judeus, pediu licença a Pilatos para retirar o corpo de Jesus. Pilatos deu licença. José de Arimateia, então, tirou o corpo de Jesus".

Todos: "Eu peço por eles. Não pelo mundo, mas por aqueles que tu me deste, porque eles são teus. Eu já não estou no mundo, e eles estão no mundo" (Jo 17,9-11).

Dirigente: Apresentando à vossa majestade o Cordeiro imaculado, nós vos suplicamos, ó Senhor, que acendais nos nossos corações aquele fogo divino que inflamou o coração da bem-aventurada Virgem Maria. Por Jesus Cristo nosso Senhor. Amém.

Pai-Nosso e Ave-Maria.

14ª Estação

Jesus é sepultado

D – Nós vos adoramos, Senhor Jesus Cristo, e voz bendizemos.

T – Porque pela vossa santa cruz remistes o mundo.

Leitura: João 19,40-42. "José de Arimateia e Nicodemos tomaram o corpo de Jesus e o envolveram em faixas com aromas, segundo o costume dos judeus. No lugar onde tinha sido crucificado havia um jardim e, nesse jardim, um sepulcro novo onde ninguém tinha sido sepultado. Foi ali que eles colocaram Jesus".

Todos: "Em verdade, em verdade vos digo, se o grão de trigo cai em terra e não morre, permanece só; se ele morre, dará muito fruto" (Jo 12,24).

Dirigente: Senhor Jesus Cristo, Filho de Deus vivo, que, à hora sexta, subistes à cruz pela salvação do mundo e derramastes o vosso sangue por coerência com toda a sua pregação do Reino, nós vos suplicamos humildemente que, depois da nossa morte, nos deis a graça de experimentar alegres o paraíso resultante da graça de Deus mais o esforço humano. Vós que viveis e reinais pelos séculos. Amém.

Pai-Nosso e Ave-Maria.

15ª Estação

A ressurreição de Jesus

D – Nós vos adoramos, Senhor Jesus Cristo, e voz bendizemos.

T – Porque pela vossa santa cruz remistes o mundo.

Leitura: Mateus 28,1-6. "Passado o sábado, ao amanhecer do primeiro dia da semana, Maria Madalena e a outra Maria foram visitar o sepulcro. Eis que se deu um grande terremoto, porque um anjo desceu do céu e aproximando-se revolveu a pedra e sentou-se sobre ela... O anjo disse às mulheres: Não temais, porque sei que procurais Jesus, que foi crucificado; ele não está aqui; ressuscitou como tinha dito".

Todos: É nosso dever dar-vos graças, ó Pai, porque Jesus Cristo, o verdadeiro Cordeiro pascal, morrendo destruiu a morte e ressurgindo deu-nos a vida. Por isso queremos viver a vida nova com Cristo ressuscitado. Somos vosso povo, Senhor, venha a nós o vosso reino. Amém.

Pai-Nosso e Ave-Maria.

RECONCILIAÇÃO

A Reconciliação (confissão) e a Unção dos enfermos são os dois sacramentos da cura (cf. Mc 2,1-12). Funda-se na pessoa de Jesus, o médico que cura o homem inteiro (alma e corpo). Na força do Espírito e por meio da Igreja, Jesus continua hoje curando e restaurando a vida, ameaçada pelo desamor. Abrir-se à conversão (cf. Mc 1,15) num processo permanente é acolher a ternura e a misericórdia de um Deus desejoso que o homem viva em plenitude.

A confissão de nossos pecados ao presbítero (padre) nos ajuda a crescer na fé e no compromisso com a vida e a comunidade. Faz mais: perdoa todos os nossos pecados.

Preparar-se para a confissão

1. Reconhecer os erros.

2. Arrepender-se.

3. Prometer, de verdade, esforçar-se por não mais pecar.

4. Contar os pecados ao padre, acreditando que, por meio dele, recebe-se o perdão.

5. Agradecer e cumprir a penitência que o padre sugerir.

Quando chego ao confessionário o padre me diz: "O Senhor esteja em teu coração e em teus lábios para que confesses bem todos os pecados. Em nome do Pai, do Filho e do Espírito Santo".

Eu faço o sinal da cruz e respondo: "Amém".

Digo os meus pecados. Depois ouço com atenção os conselhos do padre e rezo e cumpro o que ele me sugeriu como penitência.

Depois da confissão

Agradeço a Deus o perdão dos meus pecados e rezo:

Senhor Jesus, quanto sois bom! Tivestes misericórdia de mim e me perdoastes os pecados pelo sacramento da reconciliação.

Exame de consciência

(Conforme o novo Ritual da Penitência)

1. Procuro o sacramento da penitência com o sincero desejo de purificação, renovação da vida ou amizade mais profunda com Deus, ou, pelo contrário, considero-o como um peso que raras vezes se deve receber?
2. Esqueci-me ou calei de propósito algum pecado grave nas confissões passadas?
3. Cumpri a penitência que me foi proposta? Reparei as injustiças que, por acaso, come-

ti? Esforcei-me por levar à prática os propósitos de emendar-me na vida segundo o Evangelho?

Ato de arrependimento

Senhor, eu me arrependo sinceramente de todo mal que pratiquei e do bem que deixei de fazer. Pecando, eu vos ofendi, meu Deus e sumo Bem, digno de ser amado sobre todas as coisas.

Prometo firmemente, ajudado com a vossa graça, fazer penitência e fugir às ocasiões de pecar.

Senhor, tende piedade de mim, pelos méritos da paixão, morte e ressurreição de Jesus Cristo, nosso Salvador.

PREPARAÇÃO PARA A COMUNHÃO

Nossa vocação fundamental é a comunhão com Deus e com os irmãos. Jesus exaltou esta comunhão dizendo ser ele a videira e os que o seguem, os ramos (cf. Jo 15,1ss). Na Eucaristia somos nutridos e fortificados; cumpre-se em nós a obra do Espírito do Ressuscitado: reconciliar toda a família humana entre si e com o Pai. Comungar é abrir-se à dinâmica do amor de Deus e reordenar nossas vidas segundo a justiça, a verdade e a fraternidade.

Ato de fé

A cada momento Deus passa por nossa vida e nos convida a depositar nele nossa inteira confiança. Como Abraão, o Senhor nos pede para partir para uma "terra estranha" às comodidades, à julha de amor e de confiança em nós mesmos e no outro (cf. Gn 12,4). O nosso ato de fé em Deus deve traduzir nossa confiança inabalável naquele que foi ressuscitado pelo poder de Deus e permanece vivo e presente no meio de seu povo (cf. Tg 2,26).

Senhor Jesus, eu creio que estais presente na Eucaristia, com o vosso corpo, sangue, alma e divindade.

Ato de adoração

"Meu Senhor e meu Deus!", "Jesus é o Senhor" são expressões de adoração frequentes na tradição cristã (cf. Jo 20,28; 21,7). Atestam que a Jesus cabem todo o

poder, toda honra e toda glória (cf. Rm 9,5; Ap 5,13). Dele é o domínio sobre o mundo e sobre a história (cf. Ap 11,15). No ato de adoração, reconhecemos a Jesus como único Senhor e somente diante dele, e de mais ninguém, nos inclinamos em humilde adoração.

Senhor, eu vos adoro na Eucaristia e vos reconheço por meu Criador, Redentor e Soberano Senhor, meu único e eterno Bem.

Ato de esperança

Tudo não havia passado de ilusão passageira. Não adiantava querer mudar a ordem preestabelecida de um mundo perverso, injusto e desumano. Certamente essas ideias de desesperança povoaram a mente dos discípulos abatidos pela morte trágica do Mestre. Mas Deus não frustra seus desígnios de amor (cf. Jó 42,2; Lc 1,37; Mt 19,26). O que era desesperança e fra-

queza da parte de Deus fez-se a força que eleva os humildes e desbanca os poderosos (cf. 1Cor 1,24-25). Essa é a maneira misteriosa de Deus agir em nossas vidas.

Senhor, espero que, dando-vos a mim neste divino Sacramento, usareis comigo de misericórdia e me concedereis todas as graças necessárias para minha salvação.

Ato de humildade

Jesus faz cair as máscaras da prepotência, da mediocridade e da hipocrisia humanas. Rei dos reis, não quis palácio para nascer. Senhor dos senhores, não reivindicou a si o poder das tiranias. Mestre dos mestres, ensinou o perdão, a ternura e a compaixão. Ser humilde é fazer-se "um mendigo de Deus", "tornar-se criança" perante Deus (cf. Mt 18,3-4), depor as falsas seguranças, abrir-se à verdade, à retidão e à justiça (cf. Mt 23,12; Jo 3,7; Jo 1,13).

Senhor, eu não sou digno de que entreis em minha morada, mas dizei uma palavra e serei salvo.

Alma de Cristo

Prece muito cara a S. Inácio de Loyola, que a colocava ao mesmo nível da Ave-Maria e do Pai-Nosso. Sua composição é controvertida, pois alguns a atribui a S. Tomás de Aquino (séc. XIV) e outros ao papa João XXII (1316-1334). Na origem era rezada ou cantada no momento em que o sacerdote fazia a elevação durante a consagração, daí ser chamada prece de "elevação". Depois passou a fazer parte também dos livros de piedade popular.

Alma de Cristo, santificai-me.

Corpo de Cristo, salvai-me.

Sangue de Cristo, inebriai-me.

Água do lado de Cristo, purificai-me.

Paixão de Cristo, confortai-me.

Ó bom Jesus, ouvi-me.

Dentro de vossas Chagas, escondei-me.

Não permitais que eu me separe de vós.

Do inimigo maligno, defendei-me

Na hora de minha morte, chamai-me.

E mandai-me ir para vós,

para que eu, com vossos Santos, vos louve por todos os séculos dos séculos. Amém.

Depois da comunhão

É natural querer que os outros sejam solícitos em nos ajudar, em dar-nos aquela força nos tempos difíceis. Quantas vezes o saber agradecer as pessoas é uma lição esquecida em nossas vidas. Se não agradecemos às pessoas que vemos, quanto menos a Deus que não vemos. A oração depois da comunhão é reconhecer a bondade de Deus em nossas vidas e dar graças a ele por todo benefício que nos concede sem nada nos exigir em troca.

Após receber a comunhão, a pessoa faz silêncio e fala com Jesus. Esse diálogo é espontâneo e procura expressar o que se está sentindo no momento.

Em seguida pode-se repetir alguma das seguintes fórmulas:

Ato de oferecimento

Foi Deus quem primeiro ofertou sua vida por nós na pessoa de Jesus (cf. Jo 13,11; 15,13; Jo 10,17; Is 53,7). Jesus ofertou sua vida livremente para que os cegos enxergassem, os coxos andassem, os prisioneiros fossem libertados, e todo homem visse a luz de Deus. Oferecer nossas vidas a Deus é ser todo dele porque Ele é todo nosso. É entrar na dinâmica divina em que perder a vida em Deus é ganhá-la em plenitude (cf. Rm 12,1).

Senhor Jesus, vós vos destes a mim e eu me dou todo a vós; ofereço-vos meu coração, minha alma e toda a minha vida. Quero ser vosso, agora e para sempre!

Ato de caridade

Praticar a caridade não se resume em meter a mão no bolso e sacar uma moeda para esmola. Jesus resumiu toda a lei no mandamento do amor (cf. Mt 22,37-41): amar o próximo como a si mesmo. A vida de Jesus foi um testemunho vivo daquele que ama até o fim, até as últimas consequências. Somente amando como ele amou é que entraremos em comunhão com Deus e produziremos frutos de justiça, paz e fraternidade (Jo 15,5.8.16).

Senhor Jesus, eu vos amo de todo o meu coração e desejo amar-vos cada vez mais. Fazei que eu vos ame sobre todas as coisas e a meu próximo como a mim mesmo.

Ato de petição
(pedidos)

"Não sabemos o que pedir como convém" (Rm 8,26), mas o Espírito que balbucia em nosso íntimo o nome do Pai, nos ensina a audácia filial: "... tudo quanto suplicardes e pedirdes, crede que já o recebestes" (Mc 11,24). Nesta escola de fé e oração, o Paráclito nos abre as portas para o Pai que diz ao Ressuscitado: "Pede, e eu te darei as nações como herança, os confins da terra como propriedade!" (Sl 2,7-8; At 13,33).

Senhor Jesus, dai-me todas as graças de que eu preciso. Peço-vos também por meus pais, meus parentes, meus amigos, por todos os filhos de Deus que estão na terra e pelas almas do purgatório.

SANTA MISSA

O termo "missa" quer dizer "despedida", "envio" ("missio", daí "missa"). Vem das palavras finais do celebrante que abençoa e despede ("Vamos em paz..." = envio) o povo com o compromisso de fazer de suas vidas uma Eucaristia viva. Chama-se também Eucaristia (cf. Lc 22,19; 1Cor 11,24), Fração do Pão (cf. Mt 26,26), Ceia do Senhor (cf. 1Cor 11,20), Assembleia Eucarística (cf. 1Cor 11,17-34), Memorial da Paixão e da Ressurreição do Senhor...

A missa deve ocupar um lugar especial na vida de todos os cristãos. Por meio dela nos tornamos participantes — de modo mais pleno — da morte e ressurreição de Cristo e entramos em comunhão mais perfeita com nosso Deus e com nossos irmãos.

A missa não pode ser apenas um ato social em nossa vida: não devemos ir por simples obrigação, nem porque os outros vão. Devemos participar da Missa, porque amamos o nosso Deus que se revela e que nos salva em Jesus Cristo.

É especialmente mediante a celebração da Missa que Jesus continua a realizar sua obra salvífica, o mistério de sua Páscoa.

Participando, pois, da Eucaristia, devemos perceber que o Cristo continua presente, vivo e atuante, neste dia e neste lugar, para esta comunidade reunida. O Corpo de Cristo continua sendo entregue e o seu Sangue derramado, para a santificação de todos.

Para que a celebração da Missa seja mais dinâmica, mais festiva e possa ser acompanhada de forma mais participativa, ela sugere alguns gestos essenciais.

- Ficar em pé manifesta a atenção voltada para Deus que fala, atitude de quem está pronto a colocar em prática o que lhe é dito;

- Ajoelhar-se: gesto reverencial que exprime adoração, súplica, penitência;

- Sentar-se indica a posição de quem ouve e está atento ao conteúdo das leituras e das falas;

- Participar do canto significa a participação e a manifestação da alegria em prestar o louvor;

- Responder com toda a comunidade, com voz clara e forte, ao que nos pede o rito da celebração. Com as respostas aderimos à oração que o padre eleva a Deus.

Ritos iniciais

Os ritos iniciais (ritos de entrada) têm início com a procissão de entrada em que o celebrante com os ministros se dirigem ao altar. É acompanhada com o canto de entrada ou com a recitação de uma antífona ou ainda de um salmo. O canto tem a função de criar um clima de oração para a celebração. Fazem parte do rito de entrada: o ato penitencial, o Senhor, tende piedade, o glória e a oração da coleta, que encerra os ritos iniciais.

Reunido o povo, o presidente da celebração dirige-se ao altar com os ministros, durante o canto de entrada. Terminado o canto, toda a assembleia, de pé, faz o sinal da cruz.

Celebrante: Em nome do Pai, do Filho e do Espírito Santo.

Todos: Amém.

C. A graça de nosso Senhor Jesus Cristo, o amor do Pai e a comunhão do Espírito Santo estejam convosco.

T. Bendito seja Deus que nos reuniu no amor de Cristo.

Ato penitencial

O ato penitencial, também chamado de rito penitencial, sempre fez parte da missa. Assim, no século IV, o papa iniciava a missa prostrando-se aos pés do altar em sinal de adoração. No ato penitencial, a comunidade se reconhece explícita e publicamente como pecadora e pede a Deus a graça da conversão, a purificação interior e o perdão dos pecados, que é dado por intermédio do sacerdote.

É o momento de reflexão, de exame da consciência. A Palavra de Deus só penetrará em nós se nos sentirmos purificados, se nos sentirmos despojados do nosso egoísmo e do nosso pecado. Por isso, antes de ouvir as leituras da Missa e antes de receber a Eucaristia, precisamos pedir perdão a Deus e aos nossos irmãos por nossa falta de amor.

C. Irmãos e irmãs, reconheçamos as nossas culpas, para celebrarmos dignamente os santos mistérios.

Após um momento de silêncio, usa-se a seguinte fórmula:

C. Confessemos os nossos pecados

T. Confesso a Deus todo-poderoso e a vós, irmãos e irmãs, que pequei muitas vezes por pensamentos e palavras, atos e omissões (e batendo no peito, dizem), por minha culpa, minha tão grande culpa. E peço à Virgem Maria, aos anjos e santos e a vós, irmãos e irmãs, que rogueis por mim a Deus, nosso Senhor.

C. Deus todo-poderoso tenha compaixão de nós, perdoe os nossos pecados e nos conduza à vida eterna.

T. Amém.

Outras fórmulas do ato penitencial

C. No início desta celebração eucarística, peçamos a conversão do coração, fonte de reconciliação e comunhão com Deus e com os irmãos e irmãs. Tende compaixão de nós, Senhor.

T. Porque somos pecadores.

C. Manifestai, Senhor, a vossa misericórdia

T. E dai-nos a vossa salvação.

C. Deus todo-poderoso tenha compaixão de nós, perdoe os nossos pecados e nos conduza à vida eterna.

T. Amém.

C. Senhor, que viestes salvar os corações arrependidos, tende piedade de nós.

T. Senhor, tende piedade de nós.

C. Cristo, que viestes chamar os pecadores, tende piedade de nós.

T. Cristo, tende piedade de nós.

C. Senhor, que intercedeis por nós junto do Pai, tende piedade de nós.

T. Senhor, tende piedade de nós.

C. Deus todo-poderoso tenha compaixão de nos, perdoe os nossos pecados e nos conduza à vida eterna.

T. Amém.

Seguem-se as invocações, caso não tenha ocorrido no ato penitencial.

C. Senhor, tende piedade de nós.

T. Senhor, tende piedade de nós.

C. Cristo, tende piedade de nós.

T. Cristo, tende piedade de nós.

C. Senhor, tende piedade de nós.

T. Senhor, tende piedade de nós.

A seguir recita-se ou canta-se o hino.

T: Glória a Deus nas alturas,
e paz na terra aos homens por ele amados.

Senhor Deus, rei dos céus, Deus Pai todo-poderoso:
nós vos louvamos, nós vos bendizemos, nós vos adoramos, nós vos glorificamos, nós vos damos graças por vossa imensa glória.
Senhor Jesus Cristo, Filho Unigênito, Senhor Deus, Cordeiro de Deus, Filho de Deus Pai.
Vós que tirais o pecado do mundo, tende piedade de nós.
Vós que tirais o pecado do mundo, acolhei a nossa súplica.
Vós, que estais à direita do Pai, tende piedade de nós.
Só vós sois o Santo, só vós, o Senhor, só vós, o Altíssimo, Jesus Cristo, com o Espírito Santo,
na glória de Deus Pai. Amém.

C. Oremos.

Todos rezam em silêncio por alguns instantes.

O Celebrante, abrindo os braços, reza então a oração.

T. Amém.

Liturgia da Palavra

"Liturgia" quer dizer "serviço que se faz em favor do povo". Jesus é o protagonista principal do "serviço" da Palavra. É ele que convoca a comunidade à Mesa da Palavra. A Liturgia da Palavra comporta primeiro a proclamação dos "escritos dos profetas" e das "memórias dos Apóstolos" (epístolas e evangelhos). Depois, a homilia, em que somos exortados a acolher a Palavra como o que ela é em verdade, Palavra de Deus (cf. 1Ts 2,13).

A Liturgia da Palavra é o momento de levar a nossa vida à presença da palavra de Deus, de colocar nossa vida aos pés do Mestre divino, que é também nosso companheiro na caminhada. À luz da palavra, nossa vida se ilumina e trilha, passo a passo, o caminho da fé. Para isso é pre-

ciso que a palavra seja bem proferida, e que seja acolhida num chão bem preparado. A palavra deve ser verdadeiramente proclamada; quem a proclama deve crer naquilo que proclama. E os ouvintes devem estar preparados. É preciso despertar perguntas no seu coração que vão ao encontro da mensagem do Mestre, assim como se abre na lavoura o sulco para receber a semente.

A assembleia, sentada, ouve a primeira leitura. Ao terminar, o leitor acrescenta:

L. Palavra do Senhor.

T. Graças a Deus.

O salmista ou cantor recita o salmo e o povo, o estribilho.

O leitor proclama a segunda leitura, e no final acrescenta:

L. Palavra do Senhor.

T. Graças a Deus.

Segue-se o Aleluia ou outro canto.

Enquanto isso, o Celebrante, inclinado diante do altar, reza em silêncio: *Ó Deus todo-poderoso, purificai-me o coração e os lábios, para que eu anuncie dignamente o vosso santo Evangelho.*

C. O Senhor esteja conosco.

T. Ele está no meio de nós.

O Celebrante, fazendo o sinal da cruz no livro e, depois, na fronte, na boca e no peito, diz:

C. Proclamação do Evangelho de Jesus Cristo, escrito por N.

T. Glória a vós, Senhor.

Terminado o Evangelho, o Celebrante diz:

C. Palavra da salvação.

T. Glória a vós, Senhor.

O Celebrante beija o livro, rezando em silêncio: *Pelas palavras do Santo Evangelho sejam perdoados os nossos pecados.*

403

Homilia

Como Jesus que, pondo-se a caminho, explicou aos desanimados discípulos de Emaús o sentido das Escrituras (cf. Lc 24,13-35), a Igreja prolonga a proclamação da Palavra por meio da homilia, que a esclarece e atualiza para o nosso hoje. A antiguidade cristã entendia a homilia como a explicação minuciosa da Palavra de Deus lida na missa. S. Basílio, Orígenes, S. Agostinho, S. Ambrósio e S. Jerônimo deixaram uma série de homilias bíblicas.

A homilia é a explicação atualizada da Palavra proclamada. É um momento importante e que deve ser bem aproveitado para que a assembleia possa interiorizar e guardar no coração a Palavra de Deus.

Esta palavra foi escrita há muitos anos e precisa ser recontada de forma atualizada, para que possa ser compreendida e vivida pelas pessoas.

Este é o momento em que o celebrante exerce a função profética da Palavra. Sua explicação deve se fundamentar nos temas *da Sagrada Escritura e da liturgia, sem esquecer, porém, o contexto e a realidade em que foram escritos e nos quais a Palavra está sendo proclamada.*

Profissão de fé

Em 325, formulou-se no Concílio de Niceia o Símbolo niceno-constantinopolitano. Trata-se de um Credo pouco mais extenso que o tradicional "Creio em Deus Pai..." ou Símbolo Apostólico. É este credo que normalmente se recita ou canta nas missas dos domingos ou festas litúrgicas solenes. Mediante a profissão de fé, os fiéis se reconhecem como irmãos na fé, templos vivos de Deus em Cristo, ressuscitado e presente na Eucaristia.

Depois de ouvir atentamente o que Deus pede de nós pela sua palavra, reafirmamos nossa adesão consciente ao Cristo, Palavra de Deus, dizendo: *Eu creio, Senhor, mas aumentai a minha fé.*

a) Símbolo niceno-constantinopolitano

T. Creio em um só Deus, Pai todo-poderoso,
criador do céu e da terra,
de todas as coisas visíveis e invisíveis.

Creio em um só Senhor, Jesus Cristo,
Filho Unigênito de Deus,
nascido do Pai antes de todos os séculos:

Deus de Deus, luz da luz,
Deus verdadeiro de Deus verdadeiro,
gerado, não criado, consubstancial ao Pai.

Por ele todas as coisas foram feitas.
E por nós, homens, e para nossa salvação,
desceu dos céus: *(reverência)* e se encarnou
pelo Espírito Santo,
no seio da Virgem Maria, e se fez homem.

Também por nós foi crucificado sob Pôncio
Pilatos;
padeceu e foi sepultado.
Ressuscitou ao terceiro dia, conforme as
Escrituras,

e subiu aos céus, onde está sentado à direita
do Pai.
E de novo há de vir, em sua glória,
para julgar os vivos e os mortos; e o seu
Reino não terá fim.
Creio no Espírito Santo, Senhor que dá a vida,
e procede do Pai e do Filho;
e com o Pai e o Filho é adorado e glorificado:
Ele que falou pelos profetas.

Creio na Igreja, una, santa, católica e
apostólica.
Professo um só batismo para remissão dos
pecados.
E espero a ressurreição dos mortos
e a vida do mundo que há de vir. Amém.

b) Símbolo apostólico

"Símbolo" quer dizer "sinal", "indício". No sentido mais antigo, "símbolo" indicava as duas metades de um anel quebrado. Segundo a tradição, foi composto pelos próprios apóstolos (12 artigos de fé = 12 apóstolos).

Na antiguidade cristã, o símbolo apostólico era entregue ao catecúmeno no dia do seu batizado. É o resumo das principais verdades de fé ensinadas pelos apóstolos e pela Igreja e que traduz a identidade do fiel católico.

T. Creio em Deus Pai todo-poderoso, Criador do céu e da terra.
E em Jesus Cristo, seu único Filho, nosso Senhor,
que foi concebido pelo poder do Espírito Santo;
nasceu da Virgem Maria; padeceu sob Pôncio Pilatos,
foi crucificado, morto e sepultado.
Desceu à mansão dos mortos;
ressuscitou ao terceiro dia, subiu aos céus;
está sentado à direita de Deus Pai todo-poderoso,
donde há de vir a julgar os vivos e os mortos.
Creio no Espírito Santo; na Santa Igreja católica;

na comunhão dos santos; na remissão dos pecados;
na ressurreição da carne; na vida eterna. Amém.

Oração universal dos fiéis

A Oração dos fiéis guarda uma longa tradição (cf. 1Tm 2,1-2). É assim chamada porque o celebrante pronuncia a invocação e a intenção, e a comunidade responde com uma aclamação "Senhor, escutai a nossa prece". De qualquer forma, sempre esteve presente na liturgia eucarística, recitada pela assembleia durante a celebração da eucaristia, depois da leitura do Evangelho e da homilia, terminando com o abraço da paz.

É o momento em que apresentamos a Deus nossa oração comum. Cada um de nós, presente à celebração da missa, traz para ela suas preocupações, seus anseios e seus pedidos. Como devemos formar uma comunidade, também devemos rezar em comum.

Depois de cada prece a assembleia responde:

Senhor, escutai a nossa prece!
ou
Ouvi-nos, Senhor!

Liturgia eucarística

A liturgia eucarística, ou seja, o serviço da mesa do Corpo de Deus, é assim chamada para se distinguir da Liturgia da Palavra (mesa da Palavra). Ambas constituem "um só e mesmo ato de culto". A liturgia eucarística é o núcleo da missa. Constitui-se do ofertório (apresentação das ofertas), oração eucarística (consagração do pão e do vinho, que se tornam o Corpo e o Sangue de Cristo) e comunhão (consumação das oferendas).

Tudo o que somos e o que temos vem de Deus. Por isso, precisamos agradecer-lhe, sobretudo pela obra da Redenção que Jesus realiza por nós. Os dons que trouxemos ao

*altar se transformam no corpo e sangue de
Jesus, e serão, depois de transformados, alimento para a nossa vida.*

Começando a oração eucarística, a grande
prece de Ação de Graças, o Celebrante abre os
braços e diz:

C. O Senhor esteja convosco.

T. Ele está no meio de nós.

C. Corações ao alto.

T. O nosso coração está em Deus.

C. Demos graça ao Senhor, nosso Deus.

T. É nosso dever e nossa salvação.

C. Na verdade, é justo e necessário, é nosso dever e salvação dar-vos graças, sempre e em todo lugar, Pai misericordioso
e Deus fiel. Vós nos destes o vosso Filho
Jesus Cristo, nosso Senhor e Redentor.
Ele sempre se mostrou cheio de misericórdia pelos pequenos e pobres, pelos doentes e pecadores, colocando-se

ao lado dos perseguidos e marginalizados. Com a vida e a palavra anunciou ao mundo que sois Pai e cuidais de todos como filhos e filhas. Por essa razão, com todos os anjos e santos, nós vos louvamos e bendizemos, e proclamamos o hino de vossa glória, cantando (dizendo) a uma só voz:

T. Santo, Santo, Santo, / Senhor Deus do Universo! / O céu e a terra proclamam a vossa glória. / Hosana nas alturas! / Bendito o que vem em nome do Senhor! / Hosana nas alturas!

Apresentação das oferendas

No ofertório são levados ao altar o pão e o vinho que serão oferecidos pelo sacerdote em nome de Cristo e se tornarão o Corpo e o Sangue de Cristo. Como Jesus, que se fez pobre para nos enriquecer (cf. 2Cor 8,9), desde o iní-

cio os cristãos levavam ao altar não só o pão e o vinho a serem consagrados, mas também as ofertas (pão, mel, leite...) para serem distribuídas aos pobres. Assim, tomavam sobre si o encargo dos necessitados (cf. Ml 1,11).

Inicia-se o canto das oferendas, enquanto os ministros colocam no altar o corporal, o sanguíneo, o cálice e o missal.

Convém que os fiéis manifestem a sua participação, trazendo o pão e o vinho para a celebração da Eucaristia, ou outros dons para auxílio da comunidade e dos pobres.

O Celebrante, de pé, toma a patena com o pão e, elevando-a um pouco sobre o altar reza em silêncio: *Bendito sejais, Senhor, Deus do Universo, pelo pão que recebemos de vossa bondade, fruto da terra e do trabalho humano, que agora apresentamos, e para nós se vai tornar o pão da vida.*

Em seguida, coloca a patena com o pão sobre o corporal. Se não houver canto ao ofertório, o Celebrante poderá recitar em voz alta as palavras acima, e o povo acrescentar a aclamação:

T. Bendito seja Deus para sempre!

A seguir, o Celebrante toma o cálice e, elevando-o um pouco sobre o altar, reza em silêncio: *Bendito sejais, Senhor, Deus do Universo, pelo vinho que recebemos de vossa bondade, fruto da videira e do trabalho humano, que agora vos apresentamos e para nós se vai tornar vinho da salvação.*

Ele coloca o cálice sobre o corporal. Se não houver canto ao ofertório, poderá recitar em voz alta as palavras acima, e o povo acrescentar a aclamação:

T. Bendito seja Deus para sempre!

O Celebrante, inclinado, reza em silêncio: *De coração contrito e humilde, sejamos, Senhor, acolhidos por vós; seja o nosso sacrifício de tal modo oferecido que vos agrade, Senhor, nosso Deus.*

De pé, ao lado do altar, lava as mãos, dizendo em silêncio: *Lavai-me, Senhor, de minhas faltas e purificai-me de meus pecados.*

No meio do altar e voltado para o povo, estendendo e unindo as mãos, o Celebrante diz:

C. Orai, irmãos e irmãs, para que o nosso sacrifício seja aceito por Deus Pai todo-poderoso.

T. Receba o Senhor por tuas mãos este sacrifício, para glória do seu nome, para nosso bem e de toda a santa Igreja.

Em seguida, abrindo os braços, o Celebrante reza a oração sobre as ofertas; ao terminar, o povo aclama:

T. Amém.

Narrativa da instituição

No relato da instituição da eucaristia (cf. Cor 11,23; Mc 14,22-24; Mt 26,26-28 e Lc

22,19-20), a Igreja recorda o acontecimento da Última Ceia, em que Jesus faz a doação de sua vida em favor dos homens. Na missa, por meio da ação poderosa do Espírito Santo, o Ressuscitado se faz presente, com seu Corpo e Sangue, sob as espécies do pão e do vinho, perpetuando-se assim a sua entrega total "para a vida do mundo" (cf. Jo 6,51).

O Celebrante, de braços abertos, diz:

C. Na verdade, vós sois santo e digno de louvor, ó Deus, que amais os seres humanos e sempre os assistis no caminho da vida. Na verdade, é bendito o vosso Filho, presente no meio de nós, quando nos reunimos por seu amor. Como outrora aos discípulos, ele nos revela as escrituras e parte o pão para nós.

T. O vosso Filho permaneça entre nós.

O Celebrante une as mãos e as estende sobre as oferendas dizendo:

C. Nós vos suplicamos, Pai de bondade, que envieis o vosso Espírito Santo para santificar estes dons do pão e do vinho...

Ele une as mãos e traça o sinal da cruz sobre o pão e o cálice ao mesmo tempo, dizendo:

C. ... a fim de que se tornem para nós o Corpo e + o Sangue de nosso Senhor Jesus Cristo.

T. Mandai o vosso Espírito Santo!

C. Na véspera de sua paixão, durante a Última Ceia, ele tomou o pão, deu graças e o partiu e deu a seus discípulos, dizendo: TOMAI, TODOS, E COMEI: ISTO É O MEU CORPO, QUE SERÁ ENTREGUE POR VÓS.

O celebrante mostra ao povo a hóstia consagrada.

C. Do mesmo modo, ao fim da ceia, ele, tomou o cálice em suas mãos, deu graças novamente e o entregou a seus discípulos, dizendo: TOMAI, TODOS, E BEBEI: ESTE É O CÁLICE DO MEU SANGUE, O SANGUE DA NOVA E ETERNA ALIANÇA, QUE SERÁ DERRAMADO POR VÓS E POR TODOS OS HOMENS PARA REMISSÃO DOS PECADOS. FAZEI ISTO EM MEMÓRIA DE MIM.

Mostra o cálice ao povo. Em seguida diz:

C. Eis o mistério da fé!

T. Anunciamos, Senhor, a vossa morte, e proclamamos a vossa ressurreição. Vinde, Senhor Jesus!

ou

Todas as vezes que comemos deste pão e bebemos deste cálice, anunciamos, Senhor, a vossa morte, enquanto esperamos a vossa vinda!

ou

Salvador do mundo, salvai-nos, vós que nos libertastes pela cruz e ressurreição.

Memória dos mistérios de Cristo e oferecimento

Na missa, a comunidade faz a memória da paixão, da ressurreição e da volta gloriosa de Jesus. Apresenta a Deus a oferenda perfeita do seu Filho, que nos faz um povo reconciliado com o Pai. E no Pai comungamos com toda a Igreja do céu e da terra, dos vivos e dos falecidos. Comungamos com os pastores da Igreja, o Papa, o Bispo da diocese, seu presbitério e seus diáconos, e com os bispos do mundo inteiro e com as suas Igrejas.

Aqui está o ofertório da Missa. Ofertamos ao Pai o sacrifício de Cristo, presente em forma de sacramento. Esta memória-presença é motivo para que nossa oração de graças continue. Invocamos o Espírito Santo para que aqueles que vão receber o corpo sacramental do Cristo formem o seu corpo eclesial, em perfeita unidade, santidade e fidelidade. "Eu pedirei ao Pai e ele dará a vocês outro Advogado, para que permaneça com vocês para sempre".

O Celebrante, de braços abertos, diz:

C. Celebrando, pois, ó Pai Santo, a memória de Cristo, vosso Filho, nosso Salvador, que pela paixão e morte de cruz fizestes entrar na glória da ressurreição e colocastes à vossa direita, anunciamos a obra do vosso amor até que ele venha, e vos oferecemos o pão da vida e o cálice da bênção.

Olhai com bondade para a oferta da vossa Igreja. Nela vos apresentamos o sacrifício pascal de Cristo, que vos foi entregue. E concedei que, pela força do Espírito do vosso amor, sejamos contados, agora e por toda a eternidade, entre os membros do vosso Filho, cujo Corpo e Sangue comungamos.

T. Aceitai, ó Senhor, a nossa oferta!

C. Senhor Deus, conduzi a vossa Igreja à perfeição na fé e no amor, em comunhão com nosso Papa N., o nosso Bispo N., com todos os bispos, presbíteros e diáconos e todo o povo que conquistastes.

T. Confirmai o vosso povo na unidade!

C. Dai-nos olhos para ver as necessidades e o sofrimento dos nossos irmãos e irmãs, inspirai nos palavras e ações para confortar os desanimados e oprimidos; fazei que a exemplo de Cristo, e seguindo o seu mandamento, nos empenhemos lealmente no serviço a eles. Vossa Igreja seja testemunha viva da verdade e da liberdade, da justiça e da paz, para que toda a humanidade se abra à esperança de um mundo novo.

T. Ajudai-nos a criar um mundo novo!

C. Lembrai-vos de nossos irmãos e irmãs N., e N., que adormeceram na paz do vosso Cristo, e de todos os falecidos, cuja fé só vós conhecestes: acolhei-os na luz da vossa face e concedei-lhes, no dia da ressurreição, a plenitude da vida.

T. Concedei-lhes, ó Senhor, a luz eterna!

C. Concedei-nos ainda, no fim da nossa peregrinação terrestre, chegarmos à morada eterna, onde viveremos para sempre convosco. E em comunhão com a bem-aventurada Virgem Maria, com os Apóstolos e Mártires (com o santo do dia ou patrono) e todos os Santos, vos louvaremos e glorificaremos. Por Jesus Cristo, vosso Filho.

Ergue o cálice e a patena com a hóstia dizendo:

C. Por Cristo, com Cristo e em Cristo, a vós, Deus Pai todo-poderoso, na unidade do Espírito Santo, toda a honra e toda a glória, agora e para sempre.

T. Amém.

Rito da comunhão

A comunhão do celebrante e da comunidade é o ponto alto do rito da comunhão. Vai do Pai-Nosso (cf. Mt 6,9-13) à oração de pós-comunhão, que conclui a refeição eucarística. Antes do século IV, o Pai-Nosso já era tido como oração de preparação à comunhão. Precedida por momentos de silêncio ou canto, pós-comunhão é um reconhecimento a Deus pelos dons recebidos e uma súplica para que faça a eucaristia frutificar em nós.

Terminada a oração eucarística, reza-se o Pai-Nosso, para que todos possam sentir-se irmãos e membros da mesma família.

C. Rezemos, com amor e confiança, a oração que o Senhor nos ensinou:

T. Pai nosso...

O Celebrante prossegue sozinho, de braços abertos:

C. Livrai-nos de todos os males, ó Pai, e dai-nos hoje a vossa paz. Ajudados pela vossa misericórdia, sejamos sempre livres do pecado e protegidos de todos os perigos, enquanto, vivendo a esperança, aguardamos a vinda do Cristo Salvador.

O povo conclui a oração, aclamando:

T. Vosso é o reino, o poder e a glória para sempre!

Oração da paz

Na Bíblia, o beijo ou ósculo entre pessoas simboliza o amor fraterno (cf. Gn 45,15; 1Cor 16,20). Simboliza também a reverência a coisas (cf. Gn 27,16; Est 5,2). Nas celebrações litúrgicas, os primeiros cristãos trocavam entre si o beijo da paz (cf. Rm 16,16; 1Pd 5,14), lembrando a saudação de Jesus aos discípulos: "A paz esteja convosco". Na missa, antes da comunhão, repetimos este gesto fraterno, traduzido no abraço ou aperto de mão.

O Celebrante, de braços abertos, diz em voz alta:

C. Senhor Jesus Cristo, dissestes aos vossos Apóstolos: Eu vos deixo a paz, eu vos dou a minha paz. Não olheis os nossos pecados, mas a fé que anima vossa Igreja; dai-lhe, segundo o vosso desejo, a paz e a unidade. Vós que sois Deus, com o Pai e o Espírito Santo.

T. Amém

C. A paz do Senhor esteja sempre convosco.

T. O amor de Cristo nos uniu.

Em seguida, se for oportuno, o Celebrante acrescenta:

C. Irmãos e irmãs, saudai-vos em Cristo Jesus.

Fração do pão

Fração do Pão, porque este rito, próprio da refeição judaica, foi utilizado por Jesus quando abençoava e distribuía o pão como presidente da mesa (cf. Mt 14,19; 15,36; Mc 8,6.19), sobretudo por ocasião da Última Ceia. É por este gesto que os discípulos o reconhecerão após a ressurreição (cf. Lc 24,13-35), e é com esta expressão que os primeiros cristãos designarão as suas assembleias eucarísticas.

O Celebrante parte o pão consagrado sobre a patena e coloca um pedaço no cálice, rezando em silêncio: *Esta união do Corpo e do Sangue de Jesus, o Cristo e Senhor nosso, que vamos receber, nos sirva para a vida eterna.*

Enquanto isso a comunidade reza ou canta:

T. Cordeiro de Deus, que tirais o pecado do mundo, tende piedade de nós.

Cordeiro de Deus, que tirais o pecado do mundo, tende piedade de nós.

Cordeiro de Deus, que tirais o pecado do mundo, dai-nos a paz.

Preparação para a comunhão

O Senhor nos convida insistentemente a recebê-lo no sacramento da Eucaristia (cf. Jo 6,53). Jesus é a própria Ternura e Misericórdia que vem até nós e pede acolhida em nossos corações. Para acolhê-lo, é preciso abrir-lhe a porta de nosso ser com humildade e simplicidade de coração, como o fez o Centurião. "Senhor, eu não sou digno de que entreis em minha morada, mas dizei uma palavra e serei salvo" (Mt 8,8-1Cor 11,27-29).

O Celebrante, de mãos unidas, reza em silêncio:

C. Senhor Jesus Cristo, Filho do Deus vivo, que, cumprindo a vontade do Pai e agindo com o Espírito Santo, pela vossa morte destes vida ao mundo, livrai-me dos meus pecados e de todo mal; pelo vosso Corpo e pelo vosso Sangue, dai-me cumprir sempre a vossa vontade e jamais separar-me de vós.

ou

Senhor Jesus Cristo, o vosso Corpo e o vosso Sangue, que vou receber, não se tornem causa de juízo e condenação; mas, por vossa bondade, sejam sustento e remédio para minha vida.

Comunhão

Comungar o Corpo e o Sangue de Cristo, presente sob as espécies do pão e do vinho, é unir-se intimamente a Jesus pela comunhão e, por meio dele, unir-se a todos os membros do seu corpo, que é a Igreja. Na comunhão recebemos o próprio Cristo que se ofereceu por nós como o "pão do céu" e "cálice da salvação", nutrimento espiritual, fonte de vida interior e penhor de vida eterna (cf. Jo 6,27.35s.48ss).

"Vivamente se recomenda aquela participação mais perfeita da Missa, pela qual os fiéis, depois da comunhão do presbítero,

comungam o Corpo do Senhor do mesmo Sacrifício" (Const. Conc. sobre a Liturgia, n 55).

Nós estamos presentes à celebração da missa para ouvir a Palavra de Deus e para receber a Eucaristia.

O Celebrante faz genuflexão, toma a hóstia e, elevando-a sobre a patena, diz em voz alta:

C. Felizes os convidados para a ceia do Senhor. Eis o Cordeiro de Deus, que tira o pecado do mundo.

E acrescenta com o povo, uma só vez:

T. Senhor, eu não sou digno(a) de que entreis em minha morada, mas dizei uma palavra e serei salvo(a).

O Celebrante, voltado para o altar, reza em silêncio: *Que o Corpo de Cristo me guarde para a vida eterna. Que o Sangue de Cristo me guarde para a vida eterna.*

Aos que vão comungar o Celebrante apresenta a hóstia e diz:

C. O Corpo de Cristo.

T. Amém.

Enquanto o Celebrante comunga o Corpo de Cristo, inicia-se o canto da comunhão. Terminada a comunhão, o Celebrante reza em silêncio: *Fazei, Senhor, que conservemos num coração puro o que a nossa boca recebeu. E que esta dádiva temporal se transforme para nós em remédio eterno.*

É aconselhável guardar um momento de silêncio ou recitar algum salmo ou canto de louvor. Depois, de pé, junto ao altar, o Celebrante diz:

C. Oremos

Todos, com o Celebrante, rezam algum tempo em silêncio. Em seguida, o Celebrante, abrindo os braços diz a oração, depois da Comunhão. Ao terminar, o povo aclama:

T. Amém.

Ritos finais

Chama-se também "rito de despedida", porque nos primeiros tempos do Cristianismo eram despedidos antes da comunhão os que não eram dignos de sentar à mesa do Senhor (penitentes e catecúmenos)... Atualmente a missa termina com a bênção final após a comunhão e o envio da assembleia com o compromisso de realizar a eucaristia em suas vidas. Este é o significado da fórmula pronunciada pelo sacerdote: "Ide em paz..."

Se necessário, façam-se breves comunicações ao povo. Segue-se o rito de despedida. O Celebrante, abrindo os braços, saúda o povo.

C. O Senhor esteja convosco.

T. Ele está no meio de nós.

C. Abençoe-vos Deus todo-poderoso, Pai, Filho e + Espírito Santo.

T. Amém.

C. Ide em paz, e o Senhor vos acompanhe.

T. Graças a Deus.

CATEQUESE CRISTÃ

No centro da catequese está a pessoa de Jesus de Nazaré, que passou sua vida fazendo o bem a todos, especialmente aos pobres e marginalizados. Sofreu, morreu e ressuscitou para que tivéssemos a vida em plenitude. Prometeu que sempre estaria com os seus até a consumação dos séculos. Na catequese cristã somos atraídos à comunhão com a pessoa de Jesus, o qual revela a ternura e a misericórdia do Pai, cujo amor por nós é eterno.

Dons do Espírito Santo

É o Espírito Santo que, por meio dos seus dons, nos dá o sabor das coisas de Deus e o entendimento de sua vontade. Os sete dons do Espírito Santo são: sabedoria, inteligência, conselho, fortaleza, ciência, piedade e temor de Deus (cf. Is 11,1-2). Os frutos do Espírito Santo são: caridade, alegria, paz, paciência, longanimidade, bondade, benignidade, mansidão, fidelidade, modéstia, continência e castidade (cf. Gl 5,22-23).

- Sabedoria
- Entendimento
- Conselho
- Fortaleza
- Ciência
- Piedade
- Temor de Deus

Dez mandamentos

Chamados também Decálogo (cf. Ex 20 1-1 7-31,18; 34,28; Dt 4,13; 10,4) ou "Dez palavras", os dez mandamentos resumem toda a Lei de Deus. Foram revelados ao Povo de Israel na sua caminhada pelo deserto rumo à Terra Prometida (cf. Dt 5,22) e estabelecem as condições da Aliança entre Deus e seu Povo. Enunciam as exigências do amor de Deus e do próximo e estabelecem as condições para a concórdia e a paz entre os homens.

- Amar a Deus sobre todas as coisas
- Não tomar seu santo nome em vão
- Guardar domingos e festas
- Honrar pai e mãe
- Não matar
- Não pecar contra a castidade
- Não furtar
- Não levantar falso testemunho

- Não desejar a mulher/o marido do/a próximo/a
- Não cobiçar as coisas alheias

Cinco mandamentos da Igreja

Os mandamentos da Igreja visam "garantir aos fiéis o mínimo indispensável no espírito de oração e no esforço moral, no crescimento do amor de Deus e do próximo" (CIC, 2041). Pelo Batismo, somos as pedras vivas do Templo de Deus, membros do Corpo de Cristo. É na Igreja, povo de Deus, que nutrimos nossa fé com a Palavra e os sacramentos, mantemos viva nossa esperança e operante nosso amor ao próximo.

- Ouvir Missa inteira nos domingos e festas de guarda
- Confessar-se ao menos uma vez cada ano

- Comungar ao menos pela Páscoa da Ressurreição
- Jejuar e abster-se de carne, quando manda a Santa Mãe Igreja
- Pagar dízimos segundo o costume

Os sacramentos

Os momentos importantes da vida ajudam-nos a entender os sacramentos. Como nascemos e crescemos em uma família, pelo Batismo nascemos também para Deus e para a Igreja; pela confirmação, somos fortalecidos e pela eucaristia, nutridos para a vida eterna. Pela penitência, somos corrigidos e curados; pela unção dos enfermos, aliviados e restaurados. Pela ordem e matrimônio, chamados ao serviço e ao testemunho do Ressuscitado.

- Batismo
- Confirmação (Crisma)
- Eucaristia (Comunhão)

- Reconciliação (Confissão/Penitência)
- Unção dos enfermos
- Ordem (Diácono, Presbítero e Bispo)
- Matrimônio

Virtudes teologais

São assim chamadas porque se referem diretamente a Deus. De Deus procedem, para ele se voltam e nele encontram sentido e plenitude. Pela fé, cremos em Deus e em tudo o que nos revelou em Cristo Jesus. Pela esperança, desejamos ardentemente a Deus e temos a certeza do reino dos céus e das graças para merecê-lo. Pela caridade, amamos a Deus sobre todas as coisas e ao próximo como a nós mesmos por amor a Deus (cf. CIC, 1842s).

- Fé
- Esperança
- Caridade

Virtudes cardeais

A palavra "cardeais" vem de "cardo" (latim) e significa "gonzo de porta", "dobradiça", "eixo". Assim, as virtudes cardeais são como o "eixo" em que giram todas as outras virtudes. Sem a prudência somos como cegos a guiar cegos (cf. Pr 14,15). Sem a justiça não sabemos o que é devido a Deus e o que é devido ao homem. Sem a fortaleza, nos agitamos como caniços ao vento. Sem a temperança, somos como casas sobre a areia.

- Prudência
- Justiça
- Fortaleza
- Temperança

Obras de misericórdia

Como Jesus que passou a vida ajudando os pobres, a Igreja devota um amor preferencial pelos pobres (cf. Lc 6,20-22; Mt 5,42; 8,20;

11,5; Ef 4,28). Praticar a misericórdia é socorrer o próximo em suas necessidades. Isso faz parte da tradição da Igreja através dos séculos. "Não deixar os pobres participarem dos próprios bens é roubá-los e tirar-lhes a vida. Nós não detemos nossos bens, mas os deles" (João Crisóstomo).

Obras de misericórdia corporal

- Dar de comer aos famintos
- Dar de beber aos sedentos
- Vestir os nus
- Acolher os peregrinos
- Visitar os enfermos
- Visitar os encarcerados
- Sepultar os mortos

Obras de misericórdia espiritual

- Ouvir e dar bons conselhos
- Ensinar e orientar a quem precisa
- Corrigir com amizade os que erram

- Consolar os aflitos
- Perdoar as ofensas e pedir perdão
- Aceitar as pessoas como cada um é
- Rezar pelos vivos e falecidos

Pecados capitais

São assim chamados porque deles se originam os demais vícios. Do orgulho nasce a arrogância de quem se basta a si mesmo. Da avareza, a cobiça, a ganância. Da inveja, a tristeza pelo sucesso do outro e a alegria por sua desgraça. Da ira (cólera) o ódio e a vingança. Da impureza, a imodéstia e toda sorte de prevaricação. Da gula, os excessos no comer e no beber. Da preguiça (acídia), a indolência e todo tipo de vício.

- Soberba
- Avareza
- Luxúria

- Ira
- Gula
- Inveja
- Preguiça

Sumário

ORAÇÕES DO CRISTÃO...5

    Sinal-da-cruz 7

    Pai-Nosso 7

    Ave-Maria 8

    Glória ao Pai 9

    Creio..10

    Salve-Rainha...11

    Ato de fé..12

    Ato de esperança 13

    Ato de caridade..14

    Ato de contrição 15

    Ato de agradecimento...16

    Ato de amor 17

    Jaculatórias..18

ORAÇÕES DIVERSAS 21

    Oração da noite 23

    Oração do amanhecer..24

    Oferecimento do dia 25

    Oração para antes das refeições 26

    Oração para depois das refeições 27

Oração para antes de ler a Bíblia..............................28
Oração para depois de ler a Bíblia 29
Oração da família..30
Oração dos casais 32
Oração do pai 33
Oração da mãe..36
Oração da mãe..37
Oração das mães...38
Oração por minha mãe 40
Oração pelas crianças.......................................41
Oração pelos jovens 43
Oração do amigo 45
Oração pelos doentes 46
Oração para obter a saúde.................................48
Oração do alcoólatra 50
Oração do fumante 52
Oração do viciado em drogas.............................53
Oração dos encarcerados 55
Oração do trabalhador.......................................57
Oração do comunicador 59
Oração do professor..60
Oração da professora 62
Oração da secretária..64
Oração do motorista 66
Oração para antes de viajar...............................67
Oração pela Igreja e pela pátria.........................68
Oração pelo papa 69
Oração pelas vocações sacerdotais 70
Oração do catequista 72

Oração da comunidade...73
Oração pelos que governam...................................75

ORAÇÕES NATALINAS..77

Prece do Natal...79
Oração diante do presépio.....................................80
Oração Deus-conosco..81
Natal – Paz a esta casa...83

BÊNÇÃOS...85

Crianças..87
Formandos..88
Pessoas idosas..89
Enfermos...90
Água...91
Pão...92
Rosário..93
Velas, cruz ou crucifixo..94
Anel de formatura...95
Casa...96
Instrumentos de trabalho...97
Plantações, campos e pastagens.............................98
Veículos...99
Local de trabalho...100
Local de esporte...101
Animais...103

ORAÇÕES A JESUS CRISTO...105

Ao Sagrado Coração de Jesus................................107
Consagração ao Sagrado Coração de Jesus.........108

Ladainha do Sagrado Coração de Jesus 110
Invocação a Jesus Mestre 115
Oração a Jesus operário 116
Oração ao Senhor Bom Jesus 119
Novena poderosa ao Menino Jesus de Praga 120
Senhor do Bonfim 122
Oração a Jesus Crucificado 123
Ao Bom Jesus dos Aflitos 124

ORAÇÕES AO ESPÍRITO SANTO 127

Espírito Santo 129
Ao Divino Espírito Santo 130
Oração dos sete dons do Espírito Santo 132
Oração ao Espírito Santo 133
Hino ao Espírito Santo 135
Ao Espírito Santo 137

ORAÇÕES A NOSSA SENHORA 139

Saudação a Nossa Senhora 141
Magnificat 142
Consagração a Nossa Senhora 144
Ladainha de Nossa Senhora 145
Rainha dos Apóstolos 150
Nossa Senhora Aparecida 152
Consagração a Nossa Senhora Aparecida 154
Nossa Senhora do Caravaggio 156
Nossa Senhora do Carmo 157
Nossa Senhora Desatadora de Nós 158
Nossa Senhora do Equilíbrio 160

Nossa Senhora de Fátima 163

Nossa Senhora de Guadalupe 164

Nossa Senhora de Lourdes 165

Nossa Senhora de Nazaré 167

Nossa Senhora da Penha...................................... 169

Nossa Senhora da Salete 170

Nossa Senhora das Vitórias................................. 171

Nossa Senhora Auxiliadora 173

Nossa Senhora da Boa Viagem 174

Nossa Senhora do Bom Conselho....................... 176

Nossa Senhora do Bom Parto.............................. 177

Nossa Senhora da Cabeça 179

Nossa Senhora da Consolação............................. 181

Nossa Senhora do Desterro................................. 182

Nossa Senhora das Dores 184

Nossa Senhora das Graças 185

Nossa Senhora da Glória...................................... 186

Nossa Senhora da Imaculada Conceição 188

Nossa Senhora dos Impossíveis 189

Nossa Senhora Medianeira 191

Nossa Senhora dos Navegantes........................... 192

Nossa Senhora da Paz.. 193

Nossa Senhora do Perpétuo Socorro.................. 195

Nossa Senhora da Piedade................................... 197

Nossa Senhora dos Remédios 199

Nossa Senhora do Rosário................................... 200

Nossa Senhora do Sagrado Coração 201

Nossa Senhora da Saúde...................................... 202

Nossa Senhora da Boa Morte 204

ORAÇÕES AOS ANJOS 207

S. Miguel, S. Gabriel e S. Rafael 209
Anjo de Deus 211

DEVOÇÕES AOS SANTOS 213

S. Antão 215
S. Antônio de Pádua 216
S. Bárbara 217
S. Benedito 219
S. Brás 220
S. Camilo de Lellis 222
S. Caetano 224
S. Catarina de Alexandria 225
S. Clara 227
S. Cosme e S. Damião 228
S. Cristóvão 229
S. Dimas 230
S. Domingos 232
S. Edwiges 233
S. Efigênia 234
S. Expedito 235
S. Francisco de Assis 237
S. Francisco de Paula 238
S. Francisco Xavier 239
S. Geraldo Majela 241
S. Inácio de Loyola 242
S. Inês 244
S. Isabel 245
S. Jerônimo 247

S. Joana d'Arc 248

S. João Batista 250

S. João Bosco 251

S. Joaquim e Santana 253

S. Jorge 254

S. José 255

S. Judas Tadeu 257

S. Justino 259

S. Lázaro 260

S. Luzia ou Lúcia 262

S. Luís Gonzaga 263

S. Margarida Maria 265

S. Marta 266

S. Mônica 268

S. Onofre 270

S. Paulina 271

S. Paulo 272

S. Pedro 273

S. Peregrino 275

S. Raimundo Nonato 276

S. Rita de Cássia 277

S. Roque 279

S. Rosa de Lima 280

S. Sebastião 281

S. Teresa de Ávila 282

S. Teresinha do Menino Jesus 283

S. Valentino 285

S. Vicente de Paulo 286

S. Zita 288

Para pedir a proteção de um santo 289

Ladainha de todos os santos................................ 291

ORAÇÕES PARTICULARES 297

Pe. Cícero Romão Batista 299

Bv. José de Anchieta 300

Bv. Timóteo Giaccardo 302

Pe. Reus 304

Ir. Tecla Merlo 305

REZANDO COM OS SALMOS................................... 307

Vida – Salmo 139(138) 309

Louvor – Salmo 150....................................... 312

Agradecimento – Salmo 92(91) 313

Alegria – Salmo 97(96) 315

Dor – Salmo 91(90) 317

Perdão – Salmo 51(50) 320

Confiança – Salmo 23(22) 323

PRÁTICAS DE DEVOÇÃO 325

Como rezar o terço 327

Mistérios do Rosário.. 329

OFÍCIO DA IMACULADA CONCEIÇÃO 335

Matinas 337

Prima 339

Terça 340

Sexta 341

Nona 343

Vésperas 344

Completas	345
Oferecimento final	347

VIA SACRA (ESTAÇÕES) 349

1ª Estação – Jesus é condenado à morte	351
2ª Estação – Jesus recebe a cruz	352
3ª Estação – Jesus cai pela primeira vez	354
4ª Estação – Jesus encontra-se com sua Mãe Santíssima	356
5ª Estação – Jesus é ajudado por Cireneu	357
6ª Estação – Verônica enxuga o rosto de Jesus	359
7ª Estação – Jesus cai pela segunda vez	360
8ª Estação – Jesus encontra as santas mulheres	362
9ª Estação – Jesus cai pela terceira vez	363
10ª Estação – Jesus é despojado de suas vestes	365
11ª Estação – Jesus é pregado na cruz	366
12ª Estação – Jesus morre na cruz	368
13ª Estação – Jesus é descido da cruz	369
14ª Estação – Jesus é sepultado	371
15ª Estação – A ressurreição de Jesus	372

RECONCILIAÇÃO 375

Preparar-se para a confissão	377
Depois da confissão	378
Exame de consciência	378
Ato de arrependimento	379

PREPARAÇÃO PARA A COMUNHÃO 381

Ato de fé	383
Ato de adoração	383

Ato de esperança 384
Ato de humildade 385
Alma de Cristo 386
Depois da comunhão 387
Ato de oferecimento 388
Ato de caridade 389
Ato de petição (pedidos) 390

SANTA MISSA 391

Ritos iniciais 395
Ato penitencial 396
Liturgia da Palavra 401
Homilia 404
Profissão de fé 405
Oração universal dos fiéis 409
Liturgia eucarística 410
Apresentação das oferendas 412
Narrativa da instituição 415
Memória dos mistérios de Cristo e oferecimento 419
Rito da comunhão 423
Oração da paz 424
Fração do pão 425
Preparação para a comunhão 427
Comunhão 428
Ritos finais 431

CATEQUESE CRISTÃ 433

Dons do Espírito Santo 435
Dez mandamentos 436

Cinco mandamentos da Igreja.............................. 437
Os sacramentos 438
Virtudes teologais.. 439
Virtudes cardeais 440
Obras de misericórdia.. 440
Pecados capitais... 442

Rua Dona Inácia Uchoa, 62
04110-020 – São Paulo – SP (Brasil)
Tel.: (11) 2125-3500
paulinas.com.br – editora@paulinas.com.br
Telemarketing e SAC: 0800-7010081